Efthymia Giannakopoulos

Spirit Connection

Aus der Sicht eines
Mediums mit
Botschaften aus
der geistigen Welt

novum pro

www.novumverlag.com

Bibliografische Information
der Deutschen Nationalbibliothek:

Die Deutsche Nationalbibliothek
verzeichnet diese Publikation in
der Deutschen Nationalbibliografie.
Detaillierte bibliografische Daten
sind im Internet über
http://www.d-nb.de abrufbar.

Alle Rechte der Verbreitung,
auch durch Film, Funk und Fernsehen,
fotomechanische Wiedergabe,
Tonträger, elektronische Datenträger
und auszugsweisen Nachdruck,
sind vorbehalten.

© 2021 novum Verlag

ISBN 978-3-99107-604-9
Lektorat: Karin Taglang
Umschlagfoto und Innenabbildungen:
Efthymia Giannakopoulos
Umschlaggestaltung, Layout & Satz:
novum Verlag

Gedruckt in der Europäischen Union
auf umweltfreundlichem, chlor- und
säurefrei gebleichtem Papier.

www.novumverlag.com

INHALTSVERZEICHNIS

Einleitung 9
Widmung 11
Dank 11

Kapitel 1
Du bist Spirit 13
Das Zusammenspiel von Körper,
Spirit (Geist) und Seele 13
Wie ich den Spirit erforscht habe 15
Wie hängen Wissenschaft und
Spiritualität zusammen? 16
Wie ich mit meinem Spirit-Team (Geistführer)
zusammenarbeite 18

Kapitel 2
**Spiritualismus ist nicht nur für
wenige, sondern für alle** 23

Kapitel 3
**Dein Zugang zum spirituellen
Leben ist dein Herz** 27
Halte dein Herz in Händen, denn es ist
der Zugang zu allem, was existiert 27
Die Geschichte «Der Schlüssel im Herzen» 28
Der Ausdruck deines Herzens ist «Agape» –
bedingungslose Liebe 29
Herzchakra – dein feinstoffliches Herz 29

Alles ist Liebe: Entweder Anwesenheit
oder Abwesenheit von Liebe 34
Fazit: Sei ein Liebhaber der Liebe 38

Kapitel 4
Inspired by Spirits 43
Botschaften aus der geistigen Welt 43
The Dynamic of Life 43
What Is It All About – the Expression of the Soul 47

Kapitel 5
**Was wollen Menschen
in einem Reading erfahren?** 51
Bedürfnisse, die Menschen haben,
die mich aufsuchen 51
Warum ist es so wichtig zu wissen,
dass es ein Leben nach dem Tod gibt? 52

Kapitel 6
**Spiritualität im Alltag leben.
Was bedeutet das?** 55
Was bedeutet es, wenn jemand sagt,
er sei spirituell? 55
Gott ist in dir: der Gottesfunke 56
«Be good» – das Lebensmotto der Spiritualität 57
Spiritualität im Einklang mit den Naturgesetzen 58
Die sieben hermetischen Gesetze –
von Hermes Trismegistos 59
Der freie Wille und seine Verantwortung 60
Warum erleben gute Menschen schlechte Dinge? 61
Gott hat viele Namen 66
Dialog mit Gott oder die Kraft des Gebetes 68

Kapitel 7
**Der Sinn des Lebens: Die irdische Reise «Leben»
und die Reise zurück «Sterben»** 71
Erkenne dich selbst und entfalte dein Potenzial 71
Das bewusste Planen deiner irdischen Reise 72
Wozu bist du da? Die Universität des Lebens 74
Das Überwinden der Komfortzone 75
Der Sinn des Lebens: Sei, wer du wirklich bist 79

Kapitel 8
**Die Verbindung mit der geistigen Welt,
Spirit-Guides und der Seelenfamilie** 85
Deine Spirit-Guides (Geistführer) 85
Die Verbindung und das Zusammenwirken
mit deiner Seelenfamilie 86
Gibt es Reinkarnation? 88

Kapitel 9
Jenseitskontakte 95
Warum ist die Kommunikation
mit Verstorbenen wichtig? 95
Jenseits – das volle Leben in der geistigen Welt 99
Abschied nehmen an Beerdigungen 101
Abschied nehmen am Sterbebett 104
Spirit-Porträts 106
Medium zu sein ist kein Job, es ist eine Berufung 109
Was passiert, wenn sich jemand
das Leben nimmt? 110
Nahtoderlebnisse 111

Nachwort 115
Über das Medium Efthymia 117

> From Spirit
> through Spirit
> to Spirit.

EINLEITUNG

«From Spirit through Spirit to Spirit»
Ich habe dieses Buch geschrieben, um ...

... **dir den tiefen Wert deines irdischen Lebens sichtbar zu machen, Klarheit in Lebenssituationen zu gewinnen und die spirituelle Essenz zu leben** – ohne Ängste oder andere Limitierungen: Du kannst dein persönliches Potenzial entfalten und Selbstvertrauen gewinnen, alte mentale und emotionale Muster loslassen und heilen, um so dem Weg deiner wahren Lebensbestimmung zu folgen.

... **dir dabei helfen, den Verlust durch Tod eines lieben Menschen zu verarbeiten und dir Trost zu spenden.** Ein Jenseitskontakt ist für diejenigen aus dieser Welt ebenso heilend wie für die Seelen in der geistigen Welt. Als Medium vermittle ich zwischen den zwei Welten. Durch die präzise Beweisführung erkennst du, dass die Seelen wirklich da sind und uns von der anderen Seite des Lebens begleiten.

... **Menschen beim Übergang in die geistige Welt zu unterstützen.** Menschen, die an einer schweren Krankheit leiden und kurz vor dem Übergang in die geistige Welt stehen, kann ich auf diese bevorstehende Reise würdevoll vorbereiten. Viele Menschen haben Angst davor, wissen nicht, was sie erwartet oder haben vielleicht falsche Vorstellungen vom Jenseits. Es sind auch Familienangehörige (unter Absprache aller Betroffenen), die einen Sterbenden unterstützen und mich als Medium miteinbeziehen.

Dieses Buch soll Menschen begleiten, das Leben im spirituellen Licht zu sehen.

Herzlichst,
Efthymia

WIDMUNG

Ich widme dieses Buch allen Menschen und Spirits, die dazu beitragen, mehr Liebe in diese Welt zu bringen.

DANK

Mein tiefster Dank gilt meinem Spirit-Team in der geistigen Welt, das mich wertvoll begleitet und mich das Leben lehrt, und meinen Eltern Vassiliki und Nikolaos Giannakopoulos, die mich immer unterstützten und mir jene Werte vermittelten, die mein Leben bis heute prägen. Ein grosses Dankeschön richte ich auch an alle meine Klientinnen und Klienten, die ich in den vergangenen Jahren begleiten und mit denen ich wertvolle Erfahrungen sammeln sowie Erfolgserlebnisse teilen durfte. Ihr grosses Vertrauen ehrt mich tief. Weiter danke ich meinem lieben Bruder George und meinen Freunden dafür, dass es sie gibt, und für das bisher zusammen Erlebte auf dieser irdischen Reise. Sie sind besonders wertvoll für mich und bereichern mein Leben. Ich bin dankbar und froh über diese Leitsterne in meinem Leben.

Wir sind keine Menschen, die eine spirituelle Erfahrung machen, sondern wir sind spirituelle Wesen, die erfahren, Mensch zu sein.

KAPITEL 1
Du bist Spirit

Das Zusammenspiel von Körper, Spirit (Geist) und Seele

Im Spirit findet sich die Ursache, im Körper die Wirkung. Jede Geburt ist eine Materialisation der vom Spirit ausgehenden Impulse und Aktivitäten. Das Bindeglied zwischen dem grobstofflichen und dem feinstofflichen Körper ist die Seele, die den Spirit mit dem Körper verbindet. Die Seele ist der Agent, mit der alle Gedanken, das Bewusstsein, die Zuneigung und der Wille ausgedrückt werden können. Es ist nicht der Körper, der lebt, sondern es ist das Durchfluten der Spirit-Energie, die ihn lebendig macht. Wenn wir das Zusammenspiel von Körper, Spirit und Seele verstehen, erkennen wir den grossen Einfluss, den wir auf uns selbst haben, und das steigert unsere Selbstwirksamkeit.

Spiritualität gibt uns das Verständnis unseres Lichtes, das uns in dunklen Zeiten den Weg erhellt, indem es uns bewusst macht, wer wir sind. Spiritualismus ist die Wissenschaft, die Philosophie und die Religion des Lebens. Sie fokussiert auf Leben, nicht auf Tod; das Leben auf beiden Seiten und deren Beziehung zueinander. Der Spirit ist unsterblich. Das Leben nach dem physischen Tod ist genauso natürlich wie das Leben im Traum nach dem Einschlafen. Der Spirit als gemeinsamer Nenner verbindet alle Menschen.

Der Spirit ist die wesentliche Realität. Wir sind keine Menschen, die eine spirituelle Erfahrung machen, sondern wir sind spirituelle Wesen, die erfahren, Mensch zu sein. Das menschliche Wesen ist die Trinität (Dreifaltigkeit) in der Einheit: ein geformter, sterblicher Körper, eine bewusste Seele und ein unsterblicher Spirit. Spirits in der geistigen Welt sind Menschen, die ihren sterblichen Körper abgelegt haben. Sie sind um uns herum (nicht irgendwo im Weltall), aber in einer anderen Dimension, einer anderen Schwingungsfrequenz. Als Medium kann ich mich in diese Frequenz einschwingen. Das kann man sich vorstellen wie bei einem Radio, bei dem man mit dem Regler durch die Rauschgeräusche einen Sender sucht. Wenn man ihn gefunden hat, ist der Kontakt hergestellt und man kann die Stimmen hören. Sie waren schon immer da, aber auf einer anderen Frequenz. Spirit durchdringt und energetisiert alles, was auf der Erde lebt: Menschen, Tiere, Pflanzen und die Natur.

Columbus' Erkenntnis war: «**Wenn es diese Seite gibt, dann muss es auch die andere Seite geben.**» Spiritualismus kreiert die Wahrheit nicht, sondern ist Beobachter und Zeuge der existierenden Wahrheit. Bei uns existiert ein Zeitstrahl, in der geistigen Welt nicht. Vergangenheit, Gegenwart und Zukunft ist alles vorhanden. Ich weiss, diese Grenzenlosigkeit und dieses Zusammenspiel ist für das menschliche Gehirn nur schwer nachvollziehbar. Aber wenn wir bedenken, dass nur ca. fünf Prozent unserer Handlungen bewusst geschehen, dann kann man gut nachvollziehen, dass wir noch vieles nicht kennen, was eigentlich da ist. Ein Beispiel dafür sind unsere Gedanken: Du siehst sie nicht, du kannst sie nicht riechen oder anfassen und trotzdem weisst du, dass sie da sind.

> «**We know we are thinking beings, yet we never saw a thought.**» Wir wissen, dass wir denkende Wesen sind, auch wenn wir noch nie einen Gedanken gesehen haben.
> Elizabeth Lowe Watson, Amerikanische Poetin, Philosophin und Pastorin in der First Spiritualist Union of San Francisco.

Wie ich den Spirit erforscht habe

Als Kind war ich wie Dorothy im Film «Der Zauberer von Oz», die hinter den Vorhang des Zauberers schauen will, um die wirkliche Wahrheit zu erkennen und nicht die, die ihr vorgegaukelt wird. Es war mir wichtig, das Geheimnis zu lüften, die «Maya», die Illusion des Lebens zu enthüllen und das grosse Ganze verstehen zu können – so, wie es wirklich ist.

Als Teenager setzte ich mich dann mit den verschiedenen Religionen auseinander. Dabei hinterfragte ich Aussagen, die ich als sehr menschlich, aber nicht göttlich empfand. Zum Beispiel fand ich es merkwürdig, dass ein Heiliger oft erst tot sein muss, bevor er verehrt wird. Oder ich hatte Mühe mit dem Konzept des bestrafenden und belohnenden Gottes. Kein Wunder gab es viel Angst und viel Scheinheiliges. Menschen im Mittelalter im Namen Gottes zu verbrennen und als Hexen zu denunzieren, war hundertprozentig menschenverachtend, jedoch sicher nicht göttlich. Und dann noch die Vorstellung der Hölle. Oder dass das Leben nur ein Zyklus von Leiden sei und wir danach im Himmel erlöst würden. Weil ich schon damals mein Verständnis der geistigen Welt hatte und unseren göttlichen Schöpfer voller Liebe und Licht verstand, distanzierte ich mich von religiösen Schriften. So konfrontierte ich einmal meine Eltern mit meiner Aussage, dass ich finde, jede Religion habe etwas Blasphemisches. Ich erinnere mich sehr gut daran, wie meine Mutter, streng gläubig als griechisch-orthodoxe Christin, von meiner Aussage schockiert war. Wir hatten viele Diskussionen über Gott, das Göttliche und Religionen, wofür ich sehr dankbar bin. Es hat meinen Eltern und mir sehr geholfen und der Austausch über Spiritualität war ein täglicher Bestandteil unseres Lebens. Zum Beispiel liebte ich es, wenn mir meine Mutter einen feinen, griechischen Kaffee kochte und mir nach dem Trinken den Kaffeesatz las. Ihre medialen Fähigkeiten beim Kaffeesatzlesen faszinierten mich als Kind. Oder wenn ich ihr von einem Traum erzählte, den ich in der letzten Nacht hatte, und sie mir seine Deutung näherbrachte.

Theologie ist zwar gut gemeint, aber mit ihrer Monopolstellung und Sonderregelungen im Leben kreiert sie Barrieren zwischen Gläubigen und fördert seit Jahrtausenden Streitigkeiten bis hin zu Hass. Wie kann die Theologie, die vom menschlichen Geist ausgeht, mit der Inspiration verglichen werden, die von der göttlichen Quelle ausgeht? Wenn wir am Ende unserer Reise unser Erdenkleid ablegen und in die geistige Welt gehen, werden wir realisieren, dass wir spirituell keiner Nation, Rasse oder Religion angehören. Wir sind alle gleich. Wir sind alle Spirits.

Spiritualismus zeigt auf, dass man nichts zu fürchten hat – weder im Diesseits noch im Jenseits. Er ermutigt uns, bewusst zu leben und unseren Seelenwünschen zu folgen, sodass wir am Ende erfüllt sind mit Erlebnissen, statt mit Bedauern. Wir erkennen dann, dass unsere irdische Arbeit nicht vergeblich war, sondern großen Sinn ergab. Mehr noch, dass wir dieses erarbeitete Wissen in der geistigen Welt weiterentwickeln werden. Der Tod ist keine Veränderung der Destination. Es ist eine Veränderung der Sphäre. Spirit heisst Leben, und Leben ist das Natürlichste der Welt.

Wie hängen Wissenschaft und Spiritualität zusammen?

Als Medium hat mich schon immer das Zusammenwirken von Energie und Materie interessiert. Spiritualität ist die Wissenschaft der «lebensspendenden Essenz». In der Physik haben wir uns von Molekülen zu Atomen in der subatomaren Welt bewegt und viele fundamentale Kräfte identifiziert. Diese Kräfte versuchen jedoch nur zu erklären, wie Materie gebildet wird.

Der Geowissenschafter und ehemalige NASA-Raumfahrtingenieur Gregg Braden beschreibt dies sehr treffend: «*Die Arbeit der Quantenphysik ist das Studium der nichtphysischen Kräfte, welche unsere physische Welt beeinflussen.*»

Wenn ich Wissenschaft und Spiritualität durchleuchte, komme ich zum Schluss, dass sie viele gemeinsame Bezugsfelder besitzen. Der Zugang zu diesem Wissen ist einfach ein anderer. Mit heutigem Wissensstand können die spirituellen Dimensionen aus wissenschaftlicher Sicht teilweise erklärt werden. Das führt immer mehr zu einem modernen spirituellen Verständnis, das nicht abgehoben, kitschig oder religiös klingt und auch vom kritischen Verstand erfasst werden kann.

Viele Beweise lassen sich in der Wissenschaft finden. In der Quantenphysik sind Geist und Materie keine Gegensätze, sondern nur unterschiedliche Erscheinungsformen von Wirklichkeit und Realität. Der entscheidende Prozess ist die Verdichtung von Information, Energie und Materie.

Der indisch-amerikanische Physiker mit Schwerpunkt Wissenschaft und Spiritualität, Amit Goswami, geht ebenfalls von der Unsterblichkeit der Seele und von einem körperlosen, allumfassenden und ewigen Bewusstsein aus. Er sagt: «*Da das Hellsehen allem Anschein nach mit der Entfernung nicht schwächer wird, muss es nicht lokal sein. Man kann also logischerweise zu dem Schluss kommen, dass übersinnliche Phänomene wie Hellsehen und ausserkörperliche Erfahrungen Beispiele für die nichtlokale Wirkungsweise des Bewusstseins sind.*» Weiter findet er, «*die immanente Welt ist nicht maya, nicht einmal das Ego ist maya. Die wirkliche maya ist die Getrenntheit. Zu fühlen und zu denken, dass wir wirklich von dem Ganzen getrennt sind, das ist die Illusion. Die modernen Paradoxien der Wissenschaft lassen sich lösen – wenn man annimmt, dass das Universum nicht aus Materie, sondern aus Bewusstsein besteht.*»

Zu Spiritualität sagte der Deutsche Werner Heisenberg (1901–1976), der zu den bedeutendsten Physikern des 20. Jahrhunderts zählte und 1932 einen Nobelpreis für die Begründung der Quantenmechanik erhielt: «*Der erste Schluck aus dem Becher der Naturwissenschaft macht atheistisch, doch auf dem Grund des Bechers wartet Gott.*»

Auch die Erfahrungen von William James (1842–1910) waren vielversprechend. Er war Wissenschafter und Gottessuchender. Er genoss als Philosoph und Religionspsychologe grosses Ansehen und unterrichtete von 1876 bis 1907 an der Harvard University, galt als Begründer der Psychologie in den USA sowie als einer der wichtigsten Vertreter des philosophischen Pragmatismus. Über 18 Monate lang testete er das Medium Leonora Piper und war überzeugt vom Leben nach dem Tod. Seine Veröffentlichung «*Die Vielfalt religiöser Erfahrung*» wurde ein Klassiker der Religionspsychologie.

Wie ich mit meinem Spirit-Team (Geistführer) zusammenarbeite

Ich nenne meine Freunde in der geistigen Welt, die mich begleiten und wertvoll unterstützen, mein Spirit-Team. Auch du hast so ein Team. Es besteht aus mehreren Spirit-Guides und einigen Leuten aus meiner Seelenfamilie in der geistigen Welt, wie zum Beispiel meinem Großvater und meiner Mutter. Durch meinen regelmäßigen Austausch mit ihnen habe ich während all den Jahren vieles über die wirkliche Wahrheit des irdischen Lebens und des Lebens danach erfahren. Dies ist für mich der wertvollste Dialog. Er findet nicht in meinem Verstand statt, sondern in der seelischen Tiefe meines Spirits, im «I am». Die Informationen aus der geistigen Welt nehme ich mit meinen Hellsinnen wahr: Hellwissen, Hellhören, Hellsehen, Hellriechen, Hellfühlen. Da ich die Spirits sehen kann, begann ich kürzlich, diese zu zeichnen. So kann ich meinen Klienten im Reading auch ein Porträt des Verstorbenen schenken. Das schätzen meine Klienten jeweils sehr und sie erkennen den Verstorbenen auf der Zeichnung gut. Über das Zeichnen und Schreiben vermittle ich Botschaften aus der geistigen Welt, die so materialisiert werden können. Das gibt den Readings, die ich mündlich durchführe, ein langanhaltendes Erlebnis.

Im Leben gibt es so viel Bereicherndes zu erleben. Das sehe ich als Sinn des Lebens. Das Leben bringt uns auch manchmal Schwierigkeiten und Hindernisse. Daran können wir wachsen oder zerbrechen. Es ist mir in meiner Arbeit als Medium sehr wichtig, Menschen dabei zu unterstützen, diese Lektionen des Lebens gut zu meistern und dadurch ihr Bewusstsein zu erweitern, damit die Seele den Seelenplan verfolgen kann. Jede Lektion ist eine Chance, innerlich zu wachsen. Und weil es manchmal sehr herausfordernd ist, das alles allein zu schaffen, biete ich den Menschen meine wertschätzende und empathische Begleitung an. Durch meine mediale Wahrnehmung erkenne ich, worauf es gerade ankommt und was die nächsten Schritte sind und zeige diese Wege auf. Dadurch entsteht Klarheit und mit ihr der Glaube an die eigene Selbstwirksamkeit, die Herausforderung schaffen zu können. Das ist meine grosse Passion und ich liebe es.

Wenn positive Veränderungen in unser Leben treten, nehmen wir sie gerne an. Bei negativen Veränderungen suchen wir den Fehler oft bei uns und limitieren uns durch Selbstzweifel oder Ängste. Aber auch negative Veränderungen können Gutes bewirken. Wir sind einfach noch nicht dort angekommen, werden es aber schaffen, wenn wir es wagen und uns hineingeben. Harmonie ist das Resultat von Liebe. Jede Veränderung ist Wachstum. Jede Veränderung ist Erfahrung. Du wirst dabei immer mehr du. Das bedeutet: Du entfaltest dein eigenes Potenial. Selbstbewusstsein heisst, sich bewusst zu sein, wer man ist – und wer man nicht ist. Arbeite an der Idee, dass du gerade an dem Ort bist, der gut ist für dich. Ob Freude oder Schwierigkeit gerade deinen Weg kreuzen, auf jeden Fall bringen sie dir eine Lernaufgabe, an welcher du wachsen wirst. Großartig sind die Momente, in denen das Leben weder richtig noch falsch erscheint, sondern einfach ist, also wertfrei. Das Ziel dieses Wachstums ist die Entwicklung eines spirituellen, höheren Selbst sowie eines tiefen Verständnisses für die schöpferische Kraft. Mit diesem Verständnis ermöglichst du dir, deine Selbstwirksamkeit im Leben zu steigern und glücklich zu sein.

Du bist nicht dein Körper. Du hast einen Körper. Das Wesentliche an dir ist das ewige Leben, der Spirit in dir. Spiritualismus lehrt uns, dass sich dein Spirit sogar nach dem Tod deines physischen Körpers ewig weiterentwickelt. Das bedeutet, dass auch Gott sich konstant weiterentwickelt. Alles Leben ist Evolution. Eine laufende, bruchlos fortschreitende Entwicklung großer und großräumiger Zusammenhänge.

> «*Belebendes Leben existiert. Seine Gewohnheit ist Wachstum. Sein Wachstum unterliegt dem Naturgesetz. Hinter dem Wachstum und seinen Gesetzen steht das, was ein Design abzeichnet. Irgendwo in dem, was sichtbar gemacht wurde, bleibt ein Muster. Dieses Muster ist Absicht. Hinter der Absicht steht der Designer, der Grossarchitekt. Gott.*»
> Will Ford («*The Father of Welsh Spiritualism*»,
> Minister und Medium, geb. 1913)

Wie du dich mit deinem Spirit und höheren Selbst verbinden kannst (Übung)

Verbinde dich in einer Meditation mit deinem Spirit und deinem höheren Selbst. Höre ihm in der Stille zu. Verbinde dich dann mit deiner Familie, deinen Freunden, der Natur, Tieren, der Erde. Werde eins mit ihnen. Höre ihnen in der Stille zu. Mit Hören ist auch Wahrnehmen gemeint, weil Informationen auch als Wahrnehmung und Vibration erscheinen. Werde eins mit allem und geniesse diesen Moment der Transzendenz. Es gibt dir ein Gefühl der Freiheit, das wahrlich der Atem des Lebens ist.

Führe diese Meditation regelmäßig für ca. 10 bis 30 Minuten durch und lass dieses Bewusstsein in dir wachsen. Dein Leben wird sinnvoller, liebenswerter und respektvoller. Setze das Verstandene mit Handlungen in die Realität um. Sei dein liebenswertes Ich, niemand anderes.

> Spiritualismus ist die Lehre des Lebens und das Wissen des Spirits in uns.

KAPITEL 2
Spiritualismus ist nicht nur für wenige, sondern für alle

Spiritualismus ist die Philosophie vom Leben. Er lässt uns verstehen, wer wir sind und dass wir mit allem verbunden sind. Somit sehen wir unsere Verantwortung im Leben für die persönliche Entwicklung und für die respektvolle Haltung anderen Lebewesen gegenüber. Ausserdem wissen wir, wofür wir unsere Lebenserfahrungen nutzen, nämlich im Dies- und im Jenseits, für uns selbst und unser Umfeld hier auf Erden sowie für unsere Seelenfamilie in der geistigen Welt – sprich für das Kollektiv von allem Lebenden. Spiritualismus ist für mich im griechischen Wort «**Gnosis**» (Gottes)erkenntnis beschrieben. Im Arabischen heisst dieser Begriff «**irfän**», wörtlich Zustand des Wissens. Im Buddhismus ist es das «**I am**», das reine Bewusstsein von Spirit.

Spiritualismus ist die Lehre des Lebens und das Wissen des Spirits in uns. Und da wir alle viele Jahre auf Erden verbringen, wäre es da nicht sinnvoll, das alles auch zu wissen? Man würde seiner irdischen Reise mehr Ausdruck verleihen und andere Lebensbiografien schreiben. Dabei müssten wir nur alle die gleichen Werte leben und sie weder in Religionsrichtungen noch in Atheismus einteilen, weder in kulturelle noch in intellektuelle Gruppen. Wir brauchen keine religiösen Gemeinschaftsgruppen, sondern bilden schon die Gemeinschaftsgruppe «Spirits». Dann gäbe es keine Kriege, keine Separation, keinen Streit, keinen Rassismus, keine Ausgrenzung von Menschen anderer Herkunft oder anderen Geschlechts. Im Kern sind wir doch alle gleich. Wir alle sind unterwegs auf dieser irdischen Reise, jeder auf eine sehr individuelle Weise, und das ist gut so, aber mit einem gemeinsamen Verständnis von Leben und Leben über den Tod hinaus.

In den 1970er Jahren begann eine wunderbare, spirituelle Bewegung: das Wassermann-Zeitalter. In den letzten zwanzig Jahren hat sich das Bewusstsein vieler Menschen in Bezug auf Spiritualität noch mehr verstärkt, was mich sehr freut. Viele Menschen sind Suchende nach dem höheren Sinn des Lebens, weil das konsumorientierte Leben sie nicht erfüllt. Die globale Verbundenheit hat sich im Internetzeitalter verstärkt. Wir erkennen immer mehr, dass wir alle eine Gemeinschaft, miteinander verbunden und aufeinander angewiesen sind. Nur gemeinsam schaffen wir es, die Lebensprobleme (Klima, Verschuldung, Krieg, Hunger, Machtmissbrauch u. v. m.) zu bewältigen, damit auch unsere nächste Generation leben kann. Wir haben 2020 mit dem Coronavirus erstmals eine globale Katastrophe erlebt, indem wir erkannt haben: Wir sitzen alle im gleichen Boot. Das Virus war nur eine Vorwarnung auf das Grössere, was uns alle noch viel mehr erschüttern wird – das Klima, die Katastrophen, danach Völkerwanderungen. Es wird eine höhere Menschendichte auf noch lebbaren, fruchtbaren Böden und Ländern geben und, als Folge davon, mehr Krieg und Lebensmittelknappheit. Ein düsteres Szenario. Dabei muss man nur eins und eins zusammenzählen. Das ist zu erwarten. Und dann wäre es zu spät.

Eine spirituell bewusste Lebenshaltung heisst aber nicht, abgehoben in anderen Sphären zu irren. Sie bedeutet für mich, Verantwortung für sein Tun zu übernehmen, bodenständig zu bleiben und sich den Lebensaufgaben zu stellen. Sie ermöglicht uns allen, für das Gute einzustehen, es im eigenen Umfeld auszubreiten und global mit anderen zu teilen. Spiritualismus ist eine gesunde und rationale Lebensphilosophie, die die Wahrheit des Lebens wiedergibt und sie nicht irreleitet (zum Beispiel durch den falschen Glauben an einen bestrafenden

Gott). Ich glaube fest daran, dass Spiritualismus die Hoffnung für die Zukunft der Menschheit ist. Durch das Erkennen von «I am» und einer Haltung von Liebe leben wir die spirituelle Essenz in uns. Dies ermöglicht uns, höchste Entwicklungsebenen zu erlangen. Es braucht keine von Menschen geschriebenen Gottesbücher. Wir müssen weder Gurus folgen noch andere religiöse Praktiken ausüben, um Gott näher zu sein. Denn Gott ist in uns und alles was wir tun müssen, ist uns nach innen zu richten und den göttlichen Dialog unmittelbar zu führen. Wenn wir das tun, spüren wir die göttliche Kraft in uns und wir verstehen, dass Spiritualität in uns bereits existiert, weil wir Spirit sind. Spiritualität ist das Leben unserer wirklichen Wahrheit. Nichts mehr. Nichts weniger. Simpel und allumfassend. Und überaus wunderschön.

> Spirituell leben heisst für mich, in zwei Worten zusammengefasst, «Be good».

KAPITEL 3
Dein Zugang zum spirituellen Leben ist dein Herz

Halte dein Herz in Händen, denn es ist der Zugang zu allem, was existiert

Dein Herz ist das Zentrum aller Existenz. Dein Herz ist nicht nur das wichtigste Organ überhaupt, sondern es ist, auf der feinstofflichen Ebene, auch der wichtigste Zugang zu allem, was existiert. Es ist das Bindeglied zu deinem Spirit und deinem höheren Selbst. **Spiritualität leben bedeutet für mich, aus dem Herzen zu leben.** Da spielt die Musik deines Spirits.

Das physische Herz besteht aus zwei Herzklappen, daher hat das Herzchakra auch zwei Farben (grün und pink). Der Herzschlag ist das Erste, was du wahrnimmst und hörst, wenn du zu existieren beginnst. Er beginnt zu schlagen, sobald dein Spirit den Körper betritt. Dein Spirit bringt dein Herz zum Schlagen, vom ersten Moment an. Dieses Urgeräusch des doppelten Herzschlages findet man auch im Schamanismus, wo durch den Trommelschlag dieses Urgefühl in uns geweckt wird und wir uns umgehend geöffnet und verbunden fühlen. In schamanischen Trance-Reisen begleitet uns der Trommelschlag in diesen Urzustand. Wir hören unseren Spirit (und die Spirits aus der geistigen Welt) und tauschen uns mit ihm aus, um danach, zurück im Körperbewusstsein, das angezapfte Wissen des Spirits in der Gegenwart umsetzen zu können. Dies fühlt sich an wie ein weiser Rat aus dem tiefsten Potenzial von Wissen in dir. Der Herzschlag ist das Erste und Letzte, was du im Leben wahrnimmst und dazwischen schlägt es kontinuierlich, unaufhörlich und ohne dass du etwas tun musst. Er wird gesteuert von einer höheren Intelligenz, die in dir liegt. Das Herz schlägt ohne Pause, Tag und Nacht. Stell dir seine Leistung mal vor und die wundervolle Intelligenz, die es geschaffen hat!

Die Geschichte «Der Schlüssel im Herzen»

Als das Weltall aus der Unendlichkeit zum Vorschein gekommen war, befanden sich die Menschen noch im Stadium der unendlichen Schöpfungskraft, nahe bei Gott. Aber Gott wollte, dass der Mensch sich zu einem selbstständigen Geschöpf entwickelt, und darum erschuf er die Erde als Wohnort für die Menschen. «*Aber wie verhindern wir, dass die Menschen immer wieder in den Himmel zurückkommen?*», fragte sich der Erzengel Gabriel. «*Denn sie müssen nun auf der Erde bleiben, um sich weiterzuentwickeln.*» Gott und die anderen Erzengel nickten und überlegten, was sie tun könnten, damit die Menschen auf der Erde bleiben. Der Engel Michael sagte: «*Wir müssen den Himmel abschließen.*» «*Aber was machen wir dann mit dem Schlüssel?*», fragte Gabriel. Michael antwortete: «*Wir müssen den Schlüssel so verstecken, dass die Menschen ihn nicht finden können.*» «*Wir sollten den Schlüssel auf den Grund des tiefsten Ozeans legen*», schlug der Engel Rafael vor. Aber Gott sagte: «*Ich kenne die Menschen, dort werden sie ihn sicher finden.*» «*Dann verstecken wir den Schlüssel auf der Spitze des höchsten Berges im Schnee*», sagt der Engel Uriel. Aber Gott sagte wiederum: «*Dort werden sie ihn sicher finden.*» «*Und in dem entlegensten Winkel des Weltalls?*», fragte der Engel Ezechiel. Gott antwortete: «*Auch dort werden sie ihn finden.*» Nun ergriff Gabriel wieder das Wort: «*Ich weiss, was wir machen müssen. Wir verstecken den Schlüssel im Herzen der Menschen.*» Da sagte Gott: «*Ja, das tun wir. Die Menschen finden den Schlüssel eher am Grunde des tiefsten Meeres, auf der Spitze des höchsten Berges oder im weitesten Winkel des Weltalls als in ihrem eigenen Herzen. Aber wenn sie ihn in ihrem eigenen Herzen gefunden haben, dann dürfen sie ihn auch benutzen!*»

Der Ausdruck deines Herzens ist «Agape» – bedingungslose Liebe

«Agape» ist das griechische Wort für bedingungslose Liebe. Die Griechen verwenden für die Liebe gleich drei Worte, weil sie ihre Wichtigkeit erkennen:
1. **«Philia»** für die freundschaftliche Liebe zwischen Freunden.
2. **«Eros»** für die körperliche, erotische Liebe.
3. **«Agape»** für die allumfassende Liebe, die auch als Nächstenliebe oder universelle, göttliche Liebe bezeichnet wird. Sie beschreibt die spirituelle und metaphysische Verbindung zwischen Menschen, Tieren und der Natur. «Agape» ist viel mehr als das, was wir in der deutschen Sprache mit dem Wort «Liebe» ausdrücken können. «Agape» zu leben bedeutet, eine bewusste innere Haltung voller Wertschätzung für alles Lebende einzunehmen.

Herzchakra – dein feinstoffliches Herz

Emotionen sind der Ausdruck deines Herzens und schwingen auf der feinstofflichen Ebene. Du kannst Emotionen nicht sehen, aber sehr wohl kannst du sie fühlen. Je feinstofflicher, desto stärker ist die Kraft, weshalb Trance-Heilung und Quantenheilung auf der feinstofflichen Ebene geschehen. Dein feinstofflicher Körper verfügt über sieben Hauptenergiezentren, die Chakren: Wurzelchakra (*Muladhara*), Sakralchakra (*Svadhisthana*), Solarplexus (*Manipura*), Herzchakra (*Anahata*), Kehlkopfchakra (*Vishuddha*), Stirnchakra (*Ajna*), Kronenchakra (*Sahasrara*). Das Wort Chakra ist Sanskrit und bedeutet «Rad». Es leitet die Energie von den Energiezentren in den ganzen Körper weiter. Das Herzchakra ist für alle Chakren ebenso zentral wie das Organ Herz für den physischen Körper. Es steuert auf beiden Ebenen alles, was existiert. Auf der feinstofflichen Ebene vitalisiert es mit Lebensenergie (Prana, Chi, Qi, Mana, Ka) die

Chakren und auf der grobstofflichen die Organe. Ganze fünf Liter Blut pumpt das Herz pro Minute durch den Körper und versorgt Organe und Muskeln. Deshalb ist es so wichtig, sich dessen Kraft bewusst zu sein, der grössten Intelligenz, die du besitzt, denn sie verbindet alles, was du bist. Mehr noch: Sie kann heilen. Das Herz ist eng verbunden mit all deinen Organen. Alle Organe schwingen nach dem Rhythmus deines Herzschlages. Wellenartig erreicht er alles in deinem Energiefeld und lässt deine Aura sich bis auf mehrere Kilometer ausweiten. Sie erreicht durch die Schwingung deine Mitmenschen. Sie steckt sie sogar an, weil wir auf der feinstofflichen Ebene alle miteinander verbunden sind und Energiewellen sich übertragen. Das spürst du, wenn du jemandem gegenüber sitzt, der Freude oder Wut ausstrahlt. Wellenartig verteilt sich die Schwingung und erreicht dein Energiefeld. Das kannst du dir so vorstellen, wie die Wellen, die ein in den See geworfener Stein auslöst. Auch in der Quantenphysik wird bestätigt, dass sich Energie wellenartig ausdehnt. Dein Herzchakra ist mit allen anderen Chakren verbunden, mit allen Emotionen und dem emotionalen Teil deines Gehirns (rechte Hirnhälfte, limbisches System und Amygdala). Das emotionale Gehirn ist mit 40.000 sich im Herz befindenden Nervensträngen verbunden. So kommuniziert dein Herz mit dem Gehirn, gibt ihm Befehle, welche dein Gehirn umsetzt. Dein Herz ist somit der Big Boss, dein Gehirn sein Ausführender, nicht umgekehrt. Lass uns kurz innehalten und darüber nachdenken, wie stark unsere Gesellschaft «kopflastig» statt herzerfüllt denkt und wieviel Potenzial darin steckt, unserem Herzkompass zu folgen. **Es wäre ein weit erfüllteres Leben, denn die Herzintelligenz ist unser volles Potenzial, sie ist unsere Schöpferkraft überhaupt.**

Es berührt mich immer wieder, wenn mir bewusst wird, wie wichtig unser Herz ist. Es bedeutet alles. Es steigt eine unendliche Dankbarkeit und Wertschätzung in mir auf, mir meiner Herzkraft so bewusst zu sein und zu verstehen, was das

Herz alles für mich und mein Leben tut. Das ist der Zustand, in dem ich mein volles Potenzial spüre und die Zuversicht erhalte, dass alles gut ist, wie es ist. Wir begreifen uns besser. Das Leben und die Selbstliebe füllt sich mit Vertrauen, Mitgefühl und Empathie. Ohne unser Herz würden wir nicht existieren.

Wie oft machst du dir Gedanken über dein Herz und was es alles für dich tut? Menschen verwenden oft keine Gedanken an ihr Herz, weil sie sich seiner Kraft nicht bewusst sind. Ausserdem hat es in der kopflastigen Gesellschaft, Schule und Wirtschaft keinen Platz. Leider. Das Resultat ist auf der ganzen Welt sichtbar. Oft frage ich mich, wie die Welt aussehen würde, wenn wir den Herzwerten eine zentrale Rolle schenken und mehr Liebe leben würden. «*Imagine ...*», wie John Lennon schon damals sang.

Wir würden zum Wohle aller Lebewesen eine kreative Evolution erfahren. Statt die KI (künstliche Intelligenz) und den IQ (Intelligenzquotient) würden wir vermehrter die EQ (emotionale Intelligenz) fördern, was uns alle befähigen würde, unser menschliches Potenzial mehr zu nutzen (spiritueller Quotient SQ). **IQ beantwortet: «Was denke ich», EQ: «Was fühle ich» und SQ: «Was glaube ich».** Diese Trinität macht uns Menschen aus.

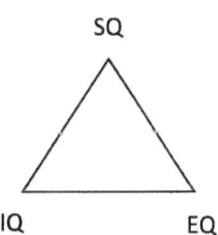

Die Trinität menschlicher Intelligenz.

Ein Date mit deinem Herzen: Das Dankbarkeitsritual (Übung)

Es ist weise, täglich ein Dankbarkeitsritual für dein Herz durchzuführen. Ein Date mit deinem Herz hilft dir, dir dessen Kraft bewusst zu werden. Höre ihm zu. Nimm wahr, wie die Herzwellen aus deinem Zentrum Energie ausstrahlen. Spüre, wie diese Energie dir innere Kraft, Freude und all die stärkenden Gefühle gibt. Das Herz kann dir in kurzer Zeit das Gefühl von Liebe und Geborgenheit vermitteln. Ich empfehle dir, täglich ein Dankbarkeitsritual für dein Herz durchzuführen. Das dauert einige Minuten und bereichert dich für mehrere Stunden.

In Momenten, in denen es dir gut geht, fällt es dir leicht, das oben beschriebene Dankbarkeitsritual durchzuführen. Du solltest es aber auch dann durchführen, wenn es dir gerade nicht gut geht, denn dann kann es dir helfen, Emotionen zu heilen, loszulassen und dich mit Vertrauen, Selbstliebe und Mut zu stärken. Danke deinem Herzen in den schwierigen, herausfordernden Momenten des Lebens dafür, dass es dich weise berät und dich zum guten Ergebnis leiten wird. Danke ihm für seine Unterstützung, seine Teamarbeit, seine bedingungslose Liebe für dich. Es ist du. Es antwortet dir immer weise, da es mit deinem Spirit verbunden ist. Wenn du dich also mit dem Herzen verbindest, zapfst du direkt das Wissen deines höheren Selbst an. Und diesem Wissen kannst du vertrauen; es ist die Weisheit deines Spirits, der immer weiss, was gerade gut für dich ist. Das Wissen fließt direkt in alle Bereiche, auch in dein Gehirn, wo du das Gespürte in Worte fassen kannst und die Weisheit verstehst. Wissen fließt, und zwar so schnell, dass es auch «Geistesblitz» genannt wird. Alles, was du dafür tun musst, ist, dich mit deiner Herzkraft zu verbinden. Der Rest passiert dann von allein.

Orientiere dich dabei an folgenden zwei Schritten:

1. Schritt: Verbinde dich mit deinem Herzen, indem du deine Aufmerksamkeit aufs Herz richtest. Komm so in die Herzliebe. Gehirn- und Herzwellen kommen in einen kohärenten Zustand (gleichmäßige Wellen) und entspannen, der Körper entspannt. Du atmest in dein Herz ein und weitest beim Ausatmen dein Aurafeld in alle Richtungen aus. Stell dir dabei vor, wie du in deiner Energiekugel sitzt und diese sich bei jedem Ausatmen weiter ausdehnt. Bade in diesem wertvollen Moment, in deiner vollen Kraft. Während du das tust, heilt das Herz auf beiden Ebenen Körper und Emotionen.

2. Schritt: Verbinde dich nun mit deinem höheren Selbst/Spirit, indem du deine Aufmerksamkeit auf dein ganzes Sein richtest. Weite beim Ausatmen dein ganzes Sein aus und bade in diesem friedvollen Zustand. Genieße das Einssein. Hier können weise Informationen auf der feinstofflichen Ebene entstehen. Nehme sie einfach wahr. Sie können dir Klarheit in Lebensfragen vermitteln. Bade in diesem wertvollen Moment, in deiner vollen Kraft. Im «I am».

Das Herz erkennt, das Gehirn setzt das Erkannte um. Ist das nicht genial, wie alles perfekt zusammenspielt? Es steckt eine grenzenlose Intelligenz hinter diesem Prozess. Ist es nicht erstaunlich, wie perfekt unser Schöpfer uns geschaffen hat? Was du daraus machst, ist dein freier Wille, aber die Anlagen sind alle in dir vorhanden. **Und die Pforte zu diesem Potenzial ist dein Herz.**

Die wenigsten Menschen können von sich sagen, sie seien völlig sorglos. Den Fehler, den du in unruhigen Situationen am häufigsten machen kannst, ist, die Last von morgen schon heute zu tragen. Das heißt nicht, dass du eine zukünftige, bedrohliche Situation komplett verdrängen solltest. Aber es liegt ein großer Unterschied darin, eine anrollende Situation ruhig und aufmerksam zu überblicken oder panisch darauf zu reagieren. Wenn du an die Zukunft denkst, kann Angst vor dem Ungewissen entstehen. Wenn du an die Vergangenheit denkst, können Zweifel und Bedauern entstehen. Nur im gegenwärtigen Moment ist ein wertfreies Sein möglich. Lebe also bewusst im Jetzt, denn das ist der einzige Moment, wo du etwas bewirken kannst. Du kannst die herausfordernde Situation besser bewältigen, wenn du dich ihr mutig und ruhig stellst. Du kreierst somit kein Drama, sondern lässt die Schwierigkeit und die verzerrte Perspektive deiner Vorstellungen schrumpfen. Das ist die Vernunft aus dem Herzen, die emotionale Intelligenz in uns allen.

Alles ist Liebe: Entweder Anwesenheit oder Abwesenheit von Liebe

Als mich meine Klientin Susanna für ein Soul Reading in meiner Praxis aufsuchte, wollte sie Gewissheit darüber erhalten, ob ihre bevorstehende Heirat wirklich auch das Richtige ist. Diese Art von Fragen tauchen manchmal in meinen Readings auf. Die Auflösung der dahintersteckenden Unsicherheiten zu entfalten, finde ich immer sehr spannend, denn sie beruhen oft auf tiefgreifenden Traumata, die sich im Jetzt durch Angst zeigen. Auch hier ist Angst ein wegweisender Kompass, der erlaubt, blockierte Energie wieder freizulassen. Ich begann ihr Aurafeld zu lesen und erhielt gleich die Botschaft «*Beginne, dich zu lieben*». Ich tauchte tiefer in diese Informationen ein und verstand, dass diese Botschaft mit sexuellem Missbrauch zu tun hatte. Ich spürte, dass sie als Kind sexuell missbraucht worden war und sich dieser Missbrauch im Alter von 18 Jahren wiederholt hatte. Als ich ihr meine Erkenntnis mitteilte, bejahte sie und begann zu weinen. Ich wusste, ich musste diesem gefühlsangestauten Moment jetzt Raum lassen und ließ die transformierende Energie meines Spirit-Teams durch sie fliessen. Auf der feinstofflichen Ebene sprach ich mit ihrer Seele und teilte ihr mit, sie dürfe diese Erfahrungen nun loslassen. Sie gehören der Vergangenheit an und sie sei jetzt eine viel stärkere und selbstbewusstere Frau, die vorwärts schaue. Sie werde geliebt und geschätzt. Sie verdiene es, sich der Liebe zu öffnen. Dabei sah ich, wie sich ihre Aura färbte, ein Regenbogen mit Farben, der sie durchströmte wie ein Fluss und sie mit Energie auflud. Es ist schwer, so eine Erfahrung zu beschreiben, denn in Wirklichkeit ist sie so viel stärker. Ich wusste, die Regenbogenfarben hatten jede einzelne ihre spezifische Funktion und ich ließ diesen Energiefluss seine transformative Arbeit machen. Viele Gefühle waren angestaut: Hassgefühle, Hilflosigkeit, Verzweiflung, Misstrauen, Vertrauen, Selbstliebe und Verzeihung, und jetzt begannen sie, sich zu verändern.

Dann nahm ich den aktuellen Mann wahr, den sie heiraten wollte und stellte fest, dass die beiden sehr wohl und gut zusammenpassten. Ich zählte seine Qualitäten auf und beschrieb ihr sein Wesen, erzählte ihr, inwiefern sie sich beide meines Erachtens gut ergänzen würden. Sie stimmte mir zu und sagte, sie schätze diese Qualitäten an ihm sehr. Sie sagte mir auch, dass ihr dies bisher gar nicht so bewusst gewesen sei. Sie dachte schon, dass sie ihn lieben würde, aber da sei einfach immer so eine Angst gewesen, die sie blockierte und sie wisse nicht, warum. So dachte sie, der Mann sei nicht der Richtige für sie und dass dies ein Zeichen ihrer Seele sein könnte, diese Verbindung zu beenden. Als sie den Zusammenhang mit ihren erlebten Missbräuchen erkannte, wusste sie, dass sie diese noch nicht verarbeitet hatte und dass sie auch deswegen in ihren früheren Beziehungen emotionell niemanden nahe an sich heranließ. Tief in ihrem Unterbewusstsein hatte sich der Glaubenssatz «Ich verdiene es nicht, geliebt zu werden» eingenistet, worauf sie Beziehungen meist beendete, bevor das Gefühl von Vertrauen überhaupt erst entstehen konnte. Dieser Mann war der erste, der eine tiefe Verbindung von Liebe spürbar machte. Es lohnte sich, an dieser Erkenntnis zu arbeiten und wir trafen uns anschließend für ein 4-Wochen-Training, um ihre alten Glaubensätze in neue umzuformen. Sie lernte Übungen, die die Selbstliebe stärken und wieder Vertrauen aufbauen. Am Ende des Coaching-Programmes angelangt, stand ein neuer Mensch vor mir. Sie war jetzt mit Liebe erfüllt und bereit, ihren Mann zu heiraten. «*Ich liebe ihn wirklich sehr und bin glücklich mit ihm. Das ist mir nun alles bewusster geworden und ich bin sehr dankbar dafür.*» Der Ursprung des aktuellen Leidens und der Angst hat immer einen roten Faden und führt meist in die Kindheit zurück. Es ist mir in meiner Arbeit sehr wichtig, diesen roten Faden rasch zu erkennen, um das Problem von der Wurzel her betrachten zu können. Dadurch kann Heilung auf allen Ebenen stattfinden. Energetisch verbinde ich mich mit dem Ursprung und der Gegenwart und lasse die transformierende Energie durch den Raum fließen. Das dauert einige Minuten und wenn der Energieaustausch versiegt, weiss ich, dass die Auflösung erfolgt ist. Damit dies auch weiterhin so bleibt, ist es wichtig, die neuen Glaubensätze laufend zu verstärken, bis sie mental und emotional langfristig verändert sind. Dafür war das anschließende Training von grosser Bedeutung. Nur etwas zu wissen genügt nicht, um es auch zu tun. Dafür benötigt es ein gezieltes Training von 21 Tagen, um neue neuronale Verbindungen im Gehirn zu vernetzen. So können sich Verhaltensmuster, Werte und Einstellungen zum neuen Ich festigen. Diese Veränderungen bei meinen Klienten begleitend festzustellen, erfüllt mich stets mit viel Dankbarkeit und Freude.

Die Hochzeitszeremonie, zu welcher ich auch eingeladen war, war wunderschön und ich freute mich sehr für die beiden und ihr gemeinsames Glück. Susanna strahlte aus, angekommen zu sein. Nicht nur in der Ehe, sondern auch in ihr. Sie hatte die große Angst überwunden, in der Liebe verletzt zu werden, und neues Vertrauen geschaffen.

Da das Herz der Zugang zu allem ist, ist die Liebe die treibende Kraft von allem. Alle Gefühle und Handlungen von Menschen lassen sich auf Liebe zurückführen: Anwesenheit oder Abwesenheit von Liebe. Hier einige Beispiele:

Abwesenheit von Liebe: Das Mangel-Bewusstsein	Anwesenheit von Liebe: Das Fülle-Bewusstsein
Angst, Zweifel, Groll, Orientierung an Problemen, Fehlern und Schwächen, Misstrauen, Kritisieren, Wut, Grübeln, Enttäuscht-Sein, Egoismus, Narzissmus, Gier, u. a.	Liebe, Dankbarkeit, Wertschätzung, Werte leben, Akzeptanz, Vertrauen, Verständnis, Verzeihen und Loslassen, Respekt, Mitgefühl, Verbundenheit, Demut, Lösungsorientiertheit, positive Einstellung, das große Ganze sehen, u. a.

Das erinnert mich an Tom, einen gutaussehenden, erfolgreichen und liebenswerten Klienten. *«Ich sehne mich nach einer Freundin, mit welcher ich eine feste Beziehung eingehen kann»*, begann er mir zu erzählen. Sehnsucht nach Liebe führt leider selten zu Liebe. Sehnsucht ist «Mangel» und das Gegenteil von erfüllter Liebe. Seine Gedanken drehten sich um das Unerfüllte und das wurde stärker. So manifestierten sich unbewusst Überzeugungen wie: *«Ich finde sowieso niemanden, der mich liebt. Was stimmt nicht mit mir? Alle haben eine Freundin, nur ich nicht!»* Seine Gedanken und Glaubenssätze sabotierten sein Vorhaben, eine Freundin zu finden. Erinnere dich an das Naturgesetz **«energy flows where attention goes»** (Energie folgt der Aufmerksamkeit). Wenn wir also etwas sein wollen, müssen wir uns vorstellen, dass wir es bereits sind, damit es sich verstärken kann. Diese Kraft der Anziehung funktioniert sowohl im positiven als auch im negativen Sinn, weshalb du dir deiner negativen Überzeugungen besonders bewusst sein solltest. Sie nur zu kennen, verändert sie leider noch nicht. Es benötigt Training.

Über einen Zeitraum von einem Monat trafen wir uns wöchentlich zu Mentaltraining-Sessions und Tom trainierte, «im Fülle-Bewusstsein der Liebe zu baden». Wir sprachen darüber, wo sich Liebe in seinem Leben bereits zeigte und verankerten neue Glaubenssätze. Die Veränderung seiner Überzeugungen veränderte sein Verhalten. Damit erreichte er andere Ergebnisse und kam zu einer neuen Weltsicht. «Ich werde geliebt und ich liebe.» Er unternahm andere Dinge in seiner Freizeit und lernte dadurch neue Menschen kennen. Indem er seine Überzeugungen änderte, veränderte sich sein Leben. In unserer vierten Session strahlte er mich an und ich wusste, er hatte eine liebenswerte und attraktive Frau kennengelernt und sich verliebt. Erlebnisse wie diese bestätigen mir immer wieder, dass wahre Liebe von innen kommt. Liebt man sich selbst, kann man auch andere lieben.

Fazit: Sei ein Liebhaber der Liebe

Sei gut zu deinem Herzen und es ist gut zu dir. Sei glücklich über das, was du hast, und nicht unglücklich darüber, was du nicht hast. Behandle dich und andere liebevoll und wertschätze dein Herz als deinen besten Freund. Es ist wissenschaftlich erwiesen, dass diese Herzfokussierung die Herzschwingung verändert und die Körpertemperatur steigt.

Lass Freude und andere positive Gefühle deinen ganzen Körper vibrieren und mit Kraft anstecken. Lass negative Gedanken los, die manchmal auch zum Leben gehören, nimm sie an und lass sie durch dich ausfließen. Klebe nicht an ihnen, lass sie mit dem Atem ausfließen und sei dankbar dafür, dass sie dich auf etwas aufmerksam gemacht haben. Sie haben somit ihren Zweck erfüllt und dürfen jetzt wieder gehen. Begegne auch negativen Gefühlen mit Akzeptanz, Dankbarkeit und Respekt. Versuche sie zu verstehen und lass sie wieder los, wie das Ein- und Ausatmen. So gelingt ein gutes emotionales Gleichgewicht für Körper, Geist und Seele. Die Welt können wir nicht verändern. Aber wir können mit unserer Herzkraft uns selbst und unser Umfeld bekräftigen und etwas bewirken. Und darauf sollten wir uns fokussieren.

Dazu gibt es zwei wunderschöne Geschichten voller Weisheiten:

> **«Die zwei Wölfe»**
> Ein alter Indianer sitzt mit seinem Sohn am Lagerfeuer und spricht:
> *«Mein Sohn, in jedem von uns tobt ein Kampf zwischen zwei Wölfen.*
> *Der eine Wolf ist böse. Er kämpft mit Neid, Eifersucht, Gier, Arroganz, Selbstmitleid, Lügen, Überheblichkeit, Egoismus und Missgunst.*
> *Der andere Wolf ist gut. Er kämpft mit Liebe, Freude, Frieden, Hoffnung, Gelassenheit, Güte, Mitgefühl, Großzügigkeit, Dankbarkeit, Vertrauen und Wahrheit.»*
> Der Sohn fragt: *«Und welcher der beiden Wölfe gewinnt?»*
> Der alte Indianer schweigt eine Weile. Dann sagt er:
> *«Der, den du fütterst.»*
> Quelle: Weisheit der Cherokee-Indianer

> **«Die drei Siebe»**
> Einst lief Sokrates durch die Straßen von Athen. Plötzlich kam ein Mann aufgeregt auf ihn zu. *«Sokrates, ich muss dir etwas über deinen Freund erzählen, der …»*
> *«Warte einmal,»* unterbrach ihn Sokrates. *«Bevor du weitererzählst – hast du die Geschichte, die du mir erzählen möchtest, durch die drei Siebe gesiebt?»*

«Die drei Siebe? Welche drei Siebe?» fragte der Mann überrascht.
«Lass es uns ausprobieren,» schlug Sokrates vor.
«Das erste Sieb ist das Sieb der Wahrheit. Bist du dir sicher, dass das, was du mir erzählen möchtest, wahr ist?»
«Nein, ich habe gehört, wie es jemand erzählt hat.»
«Aha. Aber dann ist es doch sicher durch das zweite Sieb gegangen, das Sieb des Guten? Ist es etwas Gutes, das du über meinen Freund erzählen möchtest?»
Zögernd antwortete der Mann: «Nein, das nicht. Im Gegenteil ...»
«Hm,» sagte Sokrates, «jetzt bleibt uns nur noch das dritte Sieb. Ist es notwendig, dass du mir erzählst, was dich so aufregt?»
«Nein, nicht wirklich notwendig,» antwortete der Mann.
«Nun,» sagte Sokrates lächelnd, «wenn die Geschichte, die du mir erzählen willst, nicht wahr ist, nicht gut ist und nicht notwendig ist, dann vergiss sie besser und belaste mich nicht damit!»
Quelle: Stangl, W. (2012)

Sokrates (469–399 v. Chr.) ist mein Lieblingsphilosoph. Seine Weisheiten haben mich schon als Kind inspiriert; seine Denk- und Lebensweise haben mich fasziniert. Zum Beispiel führte auch er Dialoge mit der geistigen Welt und hatte mediale Fähigkeiten. Das wissen nur wenige über ihn. Er wusste, dass es ein Leben nach dem Tod gibt. Das beweist die Geschichte seines Todes. Sokrates zeigt gerade an seinem Todestag Konsequenz in seinem philosophischen Denken. Verurteilt von der Athener Regierung musste er sich für seine Aussagen entschuldigen oder den Schierlingsbecher trinken. Er entschied sich, dass seine Aussagen korrekt waren und er sich nicht entschuldigen würde. Er zog es vor, das tödliche

Gift zu trinken, und fürchtete den Tod nicht, weil er an das Leben danach glaubte.

«Niemand kennt den Tod, es weiss auch keiner, ob er nicht das größte Geschenk für den Menschen ist. Dennoch wird er gefürchtet, als wäre es gewiss, dass er das schlimmste aller Übel sei. Ängstigt euch nicht vor dem Tod, denn seine Bitterkeit liegt in der Furcht vor ihm.»
Sokrates am Todestag

Botschaften aus der geistigen Welt.

KAPITEL 4
Inspired by Spirits

Botschaften aus der geistigen Welt

Oft begebe ich mich in einen Trance-Zustand und lasse die Weisheiten meines Spirit-Teams zu spezifischen Themen durchfließen. Die folgenden zwei Botschaften habe ich in Trance erhalten und sie in Wort und Bild festgehalten. Ich bat mein Spirit-Team, mich **über den Sinn des Lebens** aufzuklären. Das Folgende ist entstanden (Original in Englisch, daher folgt die deutsche Übersetzung):

The Dynamic of Life

«Life is all about dynamics.
First, there is the idea, maybe just a feeling or even a vision, not more. But you feel it. It is about to expand and to become important. Your heart starts to understand that there is something special and unique building up within this moment of awareness, of passion.

The vibration of life's dynamics is joy. Joy brings the dynamics into a stronger vibration, full of bright colours. And you can feel it, it resonates with the heartbeat and gets stronger and deeper like the sound and rhythm of a drum, touching your soul and allowing it to expand.

In the dynamics of this vibration, colours start to appear and meet, dance together and form a kaleidoscope: wonderful formations of signs, colours, statements. And as soon as you recognize the formation/picture, it changes into a different one. Nothing stays the same forever. It becomes more defined, more individual, more YOU.

The message behind all this is: Love the dynamics within you. Let them expand through the vibration and the colours of joy and love. And it becomes you – a unique kaleidoscope with a huge variety of beautiful formations/pictures.»

Die Dynamik des Lebens

«Im Leben dreht sich alles um Dynamik.
Zuerst ist da die Idee, vielleicht nur ein Gefühl oder sogar eine Vision, nicht mehr. Aber du fühlst es. Es ist dabei, sich zu erweitern und wichtig zu werden. Dein Herz beginnt zu verstehen, dass sich in diesem Moment des Bewusstseins, der Leidenschaft, etwas Besonderes und Einzigartiges aufbaut.

Die Schwingung der Dynamik des Lebens ist Freude. Freude bringt die Dynamik in eine stärkere Schwingung, voller leuchtender Farben. Und du spürst sie, sie schwingt mit dem Herzschlag mit und wird stärker und tiefer wie der Klang und Rhythmus einer Trommel, sie berührt deine Seele und lässt sie sich ausdehnen.

In der Dynamik dieser Schwingung beginnen Farben zu erscheinen und sich zu treffen. Sie tanzen zusammen und bilden ein Kaleidoskop: wunderbare Formationen von Zeichen, Farben, Aussagen. Und sobald du die Formation als Bild erkennst, verwandelt es sich in ein anderes. Nichts bleibt für immer gleich. Es wird definierter, individueller, mehr DU.

Die Botschaft hinter all dem ist: Liebe die Dynamik in dir. Lass sie sich ausdehnen durch die Schwingung und die Farben der Freude und Liebe. Und es wird zu dir – ein einzigartiges Kaleidoskop mit einer grossen Vielfalt an schönen Formationen/ Bildern.»

Botschaften aus der geistigen Welt.

What Is It All About – the Expression of the Soul

«The need of your soul is to make experiences.

Its tool is expression – in words, feelings, sounds, vibration, friendship, love, in different kinds of shades of experiences.

And this expression should not be compared to others, nor should it be considered a task. Look at it as your soul's unique and deep desire to be heard, especially by yourself. This inner calling from your soul always leads you to the pathway to heaven on earth, to the reason why you are here. It answers all your questions. This huge power comes from within you and is the catalyst of all that is, it comes from your heart. Through emotions and expressions, it got into your soul, and further touches the souls of your spirit family and spirit guides, your spirit friends, wherever they are. There is no distance when you open your intention and let the daily expressions flow through you.

It is very important that people express their beings – not only the ones with the loud voices but especially the ones who are hardly heard. Because their souls have to be allowed to express themselves and to make their experiences in life, too.»

Worum dreht sich alles? – Der Ausdruck der Seele

«Das Bedürfnis deiner Seele ist es, Erfahrungen zu machen.

Ihr Werkzeug ist der Ausdruck – in Worten, Gefühlen, Tönen, Schwingungen, Freundschaft, Liebe, in verschiedenen Schattierungen von Erfahrungen.

Und dieser Ausdruck sollte weder mit anderen verglichen werden, noch sollte er als Aufgabe betrachtet werden. Betrachte es als den einzigartigen und tiefen Wunsch deiner Seele, gehört zu werden, insbesondere von dir selbst. Dieser innere Ruf deiner Seele führt dich immer auf den Weg zum Himmel auf Erden, zum Grund, warum du hier bist. Er beantwortet all deine Fragen. Diese gewaltige Kraft kommt aus deinem Inneren und ist der Katalysator für alles, was ist. Sie kommt aus deinem Herzen. Durch Emotionen und Ausdrucksformen ist sie in deiner Seele eingedrungen und berührt weiterhin die Seelen deiner Spirit-Familie und Spirit-Guides, deiner Spirit-Freunde, wo immer sie auch sind. Es gibt keine Distanz, wenn du deine Absicht öffnest und die täglichen Erfahrungen durch dich fließen lässt.

Es ist sehr wichtig, dass die Menschen ihr Wesen zum Ausdruck bringen – nicht nur diejenigen mit den lauten Stimmen, sondern vor allem diejenigen, die fast nicht gehört werden. Denn auch ihre Seele muss die Möglichkeit haben, sich auszudrücken und ihre Erfahrungen im Leben zu machen.»

Alles beginnt mit deiner Intention, dass du den Zustand von Leiden beenden möchtest.

KAPITEL 5

Was wollen Menschen in einem Reading erfahren?

Täglich tauche ich bei einem Reading mit meinen Klienten in ihre Lebensgeschichten ein. Ich treffe ihre verstorbenen Verwandten oder helfe ihnen dabei, Klarheit in Lebensfragen und aktuellen Lebensherausforderungen zu erlangen.

Menschen in einem Reading Klarheit zu vermitteln oder sie im Trauer- oder Transformationsprozess wertvoll zu unterstützen, sehe ich als meine Berufung. So zu erfahren, dass ich mit meinem Wirken einen heilenden Einfluss auf meine Mitmenschen habe, ist für mich zutiefst bereichernd und erfüllend. Am liebsten würde ich ihnen den aktuellen Schmerz nehmen. Ein Reading gibt wertvolle Hinweise und Klarheit. Dadurch kann Heilung auf mehreren Ebenen stattfinden, weil es zutiefst berührt und Veränderungen energetisch anstößt.

Bedürfnisse, die Menschen haben, die mich aufsuchen

- *Ich möchte wissen, wie es meinem verstorbenen Vater (oder anderen Verwandten) in der geistigen Welt geht? Ich möchte ihm noch etwas sagen.*
- *Ich war klinisch tot, habe eine Nahtoderfahrung gemacht und möchte verstehen, was passiert ist.*
- *Ich will mich mit meiner dementen Mutter aussprechen, komme aber nicht an sie heran. Wir haben uns nicht mehr gut verstanden und ich möchte vor ihrem Tod Frieden mit ihr schließen. Kannst du auch mit lebenden, dementen Personen kommunizieren?*

- *Ich möchte Klarheit darüber gewinnen, welchen nächsten Karriereschritt ich machen soll. Wo liegt mein berufliches Potenzial?*
- *Ich will wissen, ob meine Ehe noch eine Chance hat. Ich fühle mich emotional handlungsunfähig und blockiert.*
- *Ich will verstehen, warum ich mich im Leben oft so alleine fühle?*
- *Ich sollte mich ja nicht beklagen, denn ich habe im Leben so viel erreicht. Aber da ist diese Leere in mir, die mich traurig macht und ich aber nicht verstehe.*
- *Ich möchte spiritueller leben, ohne religiös zu sein. Aber dieser stressige Alltag macht mich zu einem ganz anderen Menschen. Ich funktioniere nur und rege mich zu oft auf. Wie kann ich das ändern und meine spirituelle Geborgenheit finden?*
- *In unserem neu bezogenen Haus fühle ich mich nicht wohl. Ich möchte die Energie der letzten Familie, die da wohnte und viel Ärger hatte, aus dem Haus haben und mit neuer Energie unserer Familie füllen. Geht das?*

Warum ist es so wichtig zu wissen, dass es ein Leben nach dem Tod gibt?

- Weil du dadurch dieses irdische Leben bewusster, intensiver, selbstbewusster, erfüllter, sinnorientierter erlebst, mehr zu dir und deinen Lebenswünschen stehst, authentischer und leichter mit schwierigen Situationen im Leben umgehen kannst, wie mit Schicksalsschlägen, Konflikten im Beruf oder der Partnerschaft.
- Weil du dann erkennst, was der Sinn deines Lebens ist, warum du hier dieses Leben führst und wofür es nachher gut ist. Und wenn du den wahren Lebenssinn erkennst, dein wahres Selbst, lebst du dein Leben in Fülle und verabschiedest dich von Dingen, Umständen und Menschen, die dir nicht guttun.

- Weil wir alle ein Verfallsdatum haben und irgendwann zurück nach Hause gehen werden. Je mehr wir über den Übergang wissen, desto weniger haben wir Angst vor dem Sterben. Es ist mir ein großes Anliegen, Menschen auf diesen Übergang vorzubereiten und sie zu unterstützen, damit sie Kraft und Zuversicht schöpfen.

Ich sehe meine Berufung als Medium und spiritueller Coach darin, den Menschen dies alles näherzubringen, damit sie Klarheit in ihrem Leben erlangen und um die Energie von Liebe und Verbundenheit in der Welt zu verstärken.

«Spirituelles Erwachen» bedeutet für mich «sich zu erinnern».

KAPITEL 6

Spiritualität im Alltag leben. Was bedeutet das?

Was bedeutet es, wenn jemand sagt, er sei spirituell?

Spiritualität ist eine individuelle Praxis und Lebensweise und hat für mich mit einem Gefühl von Frieden und Sinnhaftigkeit zu tun. Es bezieht sich auf den Prozess der persönlichen spirituellen Entwicklung, auf den Sinn des Lebens und die Verbindung mit anderen, ohne festgelegte spirituelle Werte. Denn wir sind keine Menschen, die eine spirituelle Erfahrung machen, sondern wir sind spirituelle Wesen, die erfahren, Mensch zu sein.

Ein Klient sagte mir kürzlich: «*Es ist schön, an einem spirituellen Retreat Energie zu tanken. Aber am Montag danach holt mich der Alltag ein und die ganze Erholung und spirituellen Einsichten sind wieder weg. Wie kann ich mehr bei mir bleiben und Spiritualität im Alltag leben?*»

In der heutigen Zeit, in der wir hektisch, konsumorientiert und digital fixiert sind, suchen immer mehr Menschen nach dem Sinn des Lebens und nach einem Weg, spiritueller zu leben. Sich mit den Werten eines spirituellen Lebens auseinanderzusetzen und sich so ein erfüllenderes Leben zu ermöglichen, finde ich eine schöne Bewegung. Nur verläuft dies heutzutage oft – wie bei vielen Dingen – übers Konsumieren. Es ist ein Wirtschaftsmarkt entstanden, von Selbsterfahrungsretreats über Bücher, Youtube-Videos, Hörbücher bis zu Ayahuasca-Touren in Peru. Die Angebote sind enorm. Diese Vielfalt verunsichert viele Leute darin, was sie nun glauben sollen, da verschiedene «Konzepte» entstanden sind. So, wie es damals auch mit den Religionen war. Heute wird Spiritualität leider oft nur konsumiert, aber weniger gelebt, und das ist ein grosser Unterschied. Denn dieser spirituelle Funke liegt in uns, nicht draußen. Ihn zu finden bedeutet, in uns zu gehen und diesen Funken zu spüren, sich mit ihm zu verbinden und ihn auszuweiten, darin zu baden. Dieser Zustand ist spürbar, benötigt jedoch Hingabe, Disziplin und ist langfristig zu sehen. Deshalb wird in einem schnelllebigen Zeitgeist oftmals nur an der Oberfläche gekratzt und die Ausdauer für die tiefe Erfahrung fehlt. Belohnt werden aber diejenigen, die sich langfristig darauf einlassen.

Gott ist in dir: der Gottesfunke

Du bist Spirit in einem menschlichen Gewand (Körper). Somit liegt der göttliche Funke in dir. Wenn du also spirituell leben möchtest, musst du dich nur diesem göttlichen Funken zuwenden. Werde dir seiner bewusst und bring ihn in seinem Ganzen zum Ausdruck, im Austausch mit deiner Umwelt. Wenn wir vom Potenzial sprechen, ist es diese Anlage in uns allen. Sie ist vorhanden. Um sie zu leben, musst du sie nur bewusst wahrnehmen. Das klingt soweit einfach. Leider haben wir im Laufe unseres Lebens nicht gelernt, diesem Gottesfunken Beachtung zu schenken. Stattdessen haben wir ein Gerüst darum herum gebaut: mit Glaubenssystemen (Religion), gesellschaftlichen Systemen (Wirtschaft, Politik, Schule) und familiären/kulturellen Systemen. Dieses Gerüst lässt den göttlichen Funken beim Menschen zwar teilweise durchscheinen, aber der Mensch funktioniert meist unbewusst nach dessen Einstellungen, Bewertungen und Motiven. Befreie dich davon!

Also: Der Gottesfunke ist in uns allen. Wir sind Spirit. Das Gerüst verschleiert die Wahrheit. Spirituell leben heißt, das Gerüst zu erkennen und es zu sprengen, indem du dich an deinem göttlichen Funken orientierst. Täglich, bewusst und integriert im Alltag. Es ist nicht etwas, das du tun musst, sondern vielmehr etwas, das du bist. **Spirituell leben heißt für mich, in zwei Worten zusammengefasst: «Be good».** In diesen einfachen Worten ist alles verpackt, woran du dich orientieren solltest. Das haben auch alle Religionen erkannt, wie zum Beispiel in den zehn Geboten des Christentums. Wenn man das Gerüst also abzieht, wird in allen Religionen auch dieser Funke göttlicher Wahrheit sichtbar und richtig erkannt. Aber leider ist jedes religiöse Konzept ein von Menschen – genauer gesagt von Männern – gemachtes Gerüst und hat andere Motive, wie Macht, Einflussnahme und Steuerung. Und das hat meiner Meinung nach nichts mit Gott zu tun. Entblättert man dieses Gerüst, erlebt man den Funken. Entblättert man die «Maya» (Illusion), erscheint die Wahrheit. Das ist eine spirituelle Aufgabe, die jeder Mensch in seinem Leben hat. Der Lerneffekt dieser Aufgabe führt uns zu unserem inneren Glauben, zu Gott, zu uns.

«Be good» – das Lebensmotto der Spiritualität

So kannst du das Motto «Be good» in deinem eigenen Leben umsetzen:

- Empfinde Respekt, Mitgefühl für und Verbundenheit mit deinem Selbst, deinen Mitmenschen, Tieren und der Natur.
- Schätze deine Mitmenschen.
- Sorge dich um deine Umwelt.
- Vergib dir und anderen und verstehe diesen Lerneffekt.
- Sei bescheiden und übe dich in Dankbarkeit.
- Sei im Einklang mit dir und deinem Leben. Inneres Gleichgewicht entsteht durch Annehmen, Akzeptieren und Loslassen. Reduziere das Alltagsdrama. Lebe im Fülle-Bewusstsein.
- Trage Selbstverantwortung und erschaffe in deinem Leben Gutes (Handeln ist ein wichtiges Energiegesetz).
- Sei dir wichtig, aber nimm dich nicht zu wichtig.
- «Be good» in einem Satz: Behandle andere, wie du gerne selbst behandelt werden möchtest.

Die 1-Woche-Übung «Be good» (Übung)

Mit dieser einfachen und sehr wirkungsvollen, täglichen Übung förderst du dein spirituelles Wachstum. Widme dich jeden Tag in dieser Woche einer wertvollen Eigenschaft der bedingungslosen Liebe. Orientiere dich eine Woche lang bewusst am «**Gedanken des Tages**» und lebe seine Werte:

Gedanke des Tages 1: Sei **dankbar**. Werde dir heute bewusst, wofür du dankbar bist.
Gedanke des Tages 2: **Wertschätze** heute andere Menschen.
Gedanke des Tages 3: Bring **Freude** ins Leben eines anderen Menschen.
Gedanke des Tages 4: **Verzeih** und **vergib** dir und anderen.
Gedanke des Tages 5: Sei **urteilsfrei**. Achte heute darauf, nicht zu kritisieren oder (ab) zu werten, weder dich noch andere.
Gedanke des Tages 6: **Löse dich ab**: Löse dich und gewinne Abstand vom Drama, das du heute aus der Emotion der Angst kreierst oder von Erlebnissen, die Schmerzen schaffen.
Gedanke des Tages 7: **Liebe dich selbst**. Orientiere dich an deinem Herzkompass.

Spiritualität im Einklang mit den Naturgesetzen

Auf der Erde leben wir nach den pysikalischen Naturgesetzen. Auch darin ist das Wirken des göttlichen Funkens zu erkennen. Das Wirken der Naturgesetze findet man in den sieben hermetischen Gesetzen von Hermes Trismegistos.

Wenn wir diese Naturgesetze verstehen, erleben wir «spirituelles Erwachen». Wir wechseln von «lebend» sein zu «lebendig» sein. «**Spirituelles Erwachen**» bedeutet für mich, «**sich zu erinnern**». Wir werden uns dem göttlichen Funken in uns bewusst und leben danach, im Einklag mit den Naturgesetzen und allem Lebenden. «Be good» ist fern von Religionen eine spirituelle Lebensweise, die unserem Spirit und den Naturgesetzen entspricht – in allem, was wir sind und tun. Ohne Gerüst, wie wir sein sollten, ohne Limitierungen. Spiritualität ist das Erleben des eigenen Spirits auf seiner Erdenreise und somit für alle Menschen die einzig wahre Glaubensrichtung. Im Spiritualismus hat man verstanden, was der Sinn des Lebens ist und dass es ein Leben nach dem Tod gibt, weil der Spirit ewig lebt.

Die sieben hermetischen Gesetze – von Hermes Trismegistos

1. **Das Prinzip der Geistigkeit**: «Das All ist Geist. Das Universum ist geistig.»
2. **Das Prinzip der Analogie** (*Entsprechung*): «Wie oben, so unten. Wie innen, so außen. Wie der Geist, so der Körper.» Die Verhältnisse im Universum (Makrokosmos) entsprechen demnach jenen im Individuum (Mikrokosmos) – die äußeren Verhältnisse spiegeln sich im Menschen und umgekehrt. Veränderungen im mikrokosmischen Bereich wirken sich folglich auch auf die Gesamtheit aus.
3. **Das Prinzip der Polarität**: «Alles ist zweifach, alles ist polar. Alles besteht aus zwei Gegensätzen. Gleich und Ungleich ist dasselbe. Gegensätze sind ihrer Natur nach identisch, nur in ihrer Ausprägung verschieden. Extreme begegnen einander. Alle Wahrheiten sind nur Halb-Wahrheiten. Alle Paradoxa können in Übereinstimmung gebracht werden.»
4. Das Prinzip der **Schwingung**: «Nichts ruht, alles ist in Bewegung, alles schwingt.»
5. **Das Prinzip des Rhythmus**: «**Alles fließt** – aus und ein. Alles hat seine Gezeiten. Alles hebt sich und fällt. Der Schwung

des Pendels äußert sich in allem. Der Ausschlag des Pendels nach rechts ist das Maß für den Ausschlag nach links. Rhythmus gleicht aus.»
6. **Das Prinzip der Kausalität (Ursache und Wirkung):** «Jede Ursache hat ihre Wirkung. Jedes Phänomen hat seine Ursache. Alles geschieht gesetzmäßig.
7. Das Prinzip des **Geschlechts:** «Geschlecht ist in allem. Alles trägt sein männliches und sein weibliches Prinzip in sich. Geschlecht offenbart sich auf allen Ebenen.»

Quelle: Das Kybalion. Die sieben hermetischen Gesetze. Aurinia Verlag, Hamburg 2010

In der dualen Welt geht es darum, die Balance zu finden: Disziplin, Emotionen, Gefühle zum Ausdruck bringen, Macht und Kraft, Unabhängigkeit und Abhängigkeit, Teilen und für sich schauen. Dabei baden wir ständig im unendlichen Licht unseres Schöpfers, der das ganze Universum mit diesem Licht durchflutet und wir nehmen es mit jedem Atemzug konstant in uns auf.

Der freie Wille und seine Verantwortung

Fokus kreiert Intention.
Intention kreiert Verbindung.
Verbindung kreiert Power.
Power kreiert Erlebnis.
Erlebnis kreiert Erfahrung.

Im Spiel des Lebens gibt es erstens **Möglichkeiten** und zweitens **den freien Willen.** Du hast die Zeit eines ganzen Lebens, in diesem Spiel deine Seele zum Ausdruck zu bringen und Erfahrungen zu sammeln. Es ist deine freie Entscheidung, ob du enttäuscht, misstrauisch, verbittert sein möchtest oder Ereignissen positiv gegenübertreten und sie vertrauensvoll, mutig, verzeihend, sinnorientiert erleben möchtest. Es ist dein freier Wille und damit verbunden auch deine Verantwortung deinen Gefühlen gegenüber. Du kannst dich kurz im Drama suhlen, Selbstmitleid empfinden, das tun wir alle. Aber danach solltest du dich fragen: «*Was kann ich tun, wie kann ich denken, damit ich vom Jammertal zurück zur Playa del Sol komme?*» Gebe dir selbst die Erlaubnis, etwas Belastendes loszulassen. So entsteht Selbstheilung. Deine Intention und Einstellung hilft dir sehr dabei. Du erntest das, was du säst, und das beginnt in deinen Gedanken. Du hast immer Möglichkeiten. Wenn du dich in schwierigen Situationen fragst: «*Warum ich?*», frage dich stattdessen: «*Warum nicht ich?*» Häufig ist das Leben viel leichter, als unsere Gedanken es uns einreden wollen.

Warum erleben gute Menschen schlechte Dinge?

Das werde ich von meinen Klienten oft gefragt. Meine Antwort ist: «Warum nicht?» Warum geschehen schlechte Dinge? Es sind Menschen, die schlechte Dinge geschehen lassen, nicht Gott. Schlechte Dinge sind, neutral betrachtet, **Learnings**. Sie passieren jedem. Es gibt kein Gut oder Schlecht, es gibt nur Erfahrungen und daran können wir wachsen oder nicht. Das ist unsere freie Entscheidung. Wir sollten nicht ins Werten kommen, wenn wir diese Frage beantworten möchten. Es gibt übergeordnet einen Grund, warum uns etwas passiert, und die Antwort ist meistens, um daraus zu lernen. Ursache und Wirkung. Wir entwickeln uns weiter, auf ein höheres Bewusstseinslevel. Das ist Evolution. In den schönen Momenten des Lebens lacht unser Herz und in den schweren Momenten wächst unsere Seele.

Hast du manchmal das Gefühl, nicht gut genug zu sein? Menschen sind oft so darauf konditioniert, sei es durch die Schule, die Religion oder die Eltern. Das hält viele davon ab, ihr inneres Potenzial zu leben. Der Verstand kann der Seele grösster Feind sein. Du tust dir Gutes, wenn du die Kontrolle über deinen Verstand zurückgewinnst und deiner Seele mehr Beachtung schenkst. Weise wie sie ist, erkennt sie meistens, worauf es gerade ankommt. Diese bewusste Entscheidung öffnet dir das Tor zur Seele. Wenn dich jemand kritisiert und sagt: *«Du kannst das nicht»*, und du glaubst dieser Person, dann wirst du selbst diese Limitierung. Sei dir bewusst, dass Überzeugungen dein Leben steuern. *«Es mag ja seine Meinung sein, aber das bin ich nicht»*, könntest du denken, um negative Worte anderer nicht zu deinen eigenen zu machen. Ein anderes Beispiel: *«Er ist schon 55 Jahre alt, der findet doch keinen neuen Job mehr.»* Ängste anderer solltest du nicht zu den deinen machen, sonst werden sie zu deiner Realität. Auch das ist deine freie Entscheidung. Du kannst sie aber nur treffen, wenn du dir dessen bewusst bist. Beobachte deine Selbstgespräche. Darin findest du deine wertvollen Antworten. **Entdecke die leise Stimme deiner Seele und übe dich geduldig darin, ihr zuzuhören.** So folgst du deinem Seelenweg. Werde dir bewusst, wer du bist, lebe dein vollkommenes Ich und kein anderes. Es ist ein befreiendes Gefühl, wenn du dir erlaubst, du zu sein. Hierfür empfehle ich dir, eine Meditation durchzuführen, in der du dir deiner Kraft bewusst wirst. Die Übungsanleitung habe ich dir hier unten aufgeschrieben. Spüre dabei die Kraft deiner Seele. Dann verstehst du, wer du bist, du spürst die Vollkommenheit in dir und die Verbundenheit mit dem Leben und der geistigen Welt. Dieses Gefühl ist überwältigend und kraftspendend.

> *«You have power over your mind – not outside events. Realize this, and you will find strength.»* Du hast die Macht über deinen Geist – nicht über Geschehnisse im Außen. Erkenne das und du wirst Stärke finden.
> Mark Aurel, römischer Kaiser und Philosoph (121–180)

Verbinde dich mit deinem höheren Selbst (Übung)

Diese **Übung** «**Spirit Power**» dauert ca. 20 Minuten; wenn du magst auch länger.

1. Mach es dir bequem. Schließe deine Augen.
2. Fokussiere auf deinen **Atem**. Beobachte ihn und werde der Beobachter deines Atems. Beurteile ihn nicht. Beobachte ihn nur. Ohne Erwartungen. Folge deinem Atem. Seinem Rhythmus. Werde dein Atem.
3. Fokussiere auf deinen **Herzschlag**. Fühle den Herzschlag. Nimm den Herzschlag in deinem ganzen Körper wahr. Beobachte den Rhythmus deines Herzschlages in deinem Körper. Werde dein Herzschlag.
4. Fühle den Atem in all deinen **Körperzellen**. Fühle, wie er in alle Zellen deines Körpers fließt, in alle Organe. Fühle, wie er leicht vibriert. Seine Schwingung. Werde diese Schwingung.
5. Weite nun beim Ausatmen diese Energie in deinen **ganzen Körper** aus. Stell dir dabei vor, wie sich dein Aurafeld in alle Richtungen ausweitet und so groß wird wie das Zimmer, die Wohnung.
   Weite dich weiter aus, berühre die Mutter Erde und werde eins mit Mutter Erde.
   Weite dich weiter aus und berühre den Himmel, werde den Himmel.
   Weite dich weiter aus und berühre das Universum, werde das Universum.
   Bleib dort und fühl die Verbundenheit mit allem, was ist. In dir und um dir.
6. Genieße diesen Ort grenzenloser Kraft für einige Minuten. Erlaube dir, diese grenzenlose Kraft zu sein.
7. Beende die Übung, indem du langsam wieder zurückkommst und die Augen öffnest. Lass dir Zeit, um das Erlebte kurz zu reflektieren.

Gehe bei deinen Übungen geduldig und erwartungslos vor. Dann erreichst du die besten Resultate. Du kannst eine Blume nicht forcieren, sich zu öffnen. Wenn du das tust, zerstörst du sie. Spirituelle Entfaltung benötigt wie jede Veränderung Zeit. Man darf sich nicht unter Druck setzen und die Veränderung erzwingen wollen. Das gilt auch für unsere persönliche Entwicklung. Übe Geduld, Vertrauen und bleibe dran, vergeude aber keine Zeit. In meinen Meditationskursen erlebe ich oft, dass sich die Teilnehmenden rasch entspannen können, sobald sie sich erlauben, zu sein und jegliche Erwartungen an sich selbst ablegen.

Muss ich meine Aura reinigen?

Diese Frage stellen mir viele Klienten. Die Antwort ist Nein. Unsere Aura reinigt sich von alleine und hat auch keine Löcher. Sie ist der energetische Ausdruck unseres Selbst. Wenn du zum Beispiel traurig bist und diesen Zustand verlässt, weil du etwas tust, das dir guttut und dich in freudige Stimmung versetzt (z. B. lachen, mit jemandem darüber reden, in die Natur gehen, beten, wertschätzende Selbstreflektion mit deinem höheren Selbst etc.). Deine Stimmung ändert sich, deine Körperfunktionen ebenfalls und so auch deine Aura. **Alles beginnt mit deiner Intention, diesen Zustand von Leiden zu beenden.** Die Intention ist der Schlüssel zu allem. So kreierst du in kurzer Zeit einen Energie-Shift und diese Veränderung ist körperlich, seelisch und geistig ausgeprägt. Du benötigst also nichts Weiteres als dich selbst. Du benötigst keine Aura-Sprays oder andere auf dem Markt angepriesenen Mittelchen, um deine Aura zu reinigen. Jede Veränderung kommt von innen, nicht von außen. Man durchläuft einen Veränderungsprozess von Erleben und Verstehen des Gelernten und erreicht damit ein höheres Bewusstsein, was in der Aura mitschwingt. Es kann dich auch niemand verletzen, wenn du das nicht zulässt. Lässt du es aber zu, verletzt du dich selbst. Fühlen und Denken hat die Kraft, zu verändern, nicht das, was von außen passiert. Unser Glaubenssystem spielt dabei eine große Rolle. Wenn du irgendwo gehört hast, du müsstest deine Aura reinigen, und ängstlich bist, dann baust du mit deiner Angst eine falsche Wahrnehmung auf. Aber das hat nichts mit deiner Aura, sondern mit deinen Überzeugungen und deinem Denken zu tun.

Am besten pflegst du deine Aura, indem du nach dem Motto «be good» lebst. Die daraus gelebte Liebe hält Körper, Geist und Seele gleichermaßen gesund. Diese Energie strahst du aus, was sich in deiner Aura auf einer feinstofflichen Ebene in Farben und Vibrationen zeigt. Das ist für die meisten Menschen mit bloßem Auge nicht sichtbar. Als Medium sehe ich diese Farben und lese die Informationen daraus. Farben sind Vibrationen, die Informationen enthalten.

Wenn du das Gefühl hast, du müsstest deine Aura reinigen, dann tu das mit Aktivitäten, die nach innen gerichtet sind: Sitze in deine Kraft, Meditation, atme Liebe und Licht. Dafür kannst du eine einfache Chakra-Meditation durchführen, bei welcher du durch deine einzelnen Chakren atmest und den Energiefluss verbesserst. Alle Heilung liegt in der Atmung. Denn bewusstes Atmen ist Lebensenergie. Diese Lebensenergie nennt man auch Prana (Ayurveda, Indien), Chi (Japan), Qi (China), Mana (HUNA, Hawaii), Ka (Ägypten) oder Pneuma (Griechenland). Mit der Intention bei jedem Atemzug fließt heilende und lichterfüllte Energie durch deinen Körper. Dein Aurafeld schwingt bei jedem Atemzug mit. Erkenne, dass alles, was du brauchst, von innen kommt.

Gott hat viele Namen

Lass uns mal über Gott reden. Gott hat so viele Namen, wie es auch Religionen und Kulturen gibt. Was alle gemeinsam haben, ist, dass sie alle die Einheit göttlicher Intelligenz beschreiben. Auch die Quantenphysik beschäftigt sich wissenschaftlich mit Gott, dem Schöpfer des Universums. Hier habe ich einige Namen aufgeführt, wie Gott beschrieben wird:

- Gott, heiliger Geist, Barmherziger, (Christentum), Allah (Islam), der Ewige, Adonai mein Herr (Judentum)
- Götter wie Ganesha, Brahma, Vishnu, Deva, Indra, Shiva u. m. (Hinduismus),
  Götter wie Zeus/Jupiter, Poseidon/Neptun, Athena/Minerva, Eros/Cupido u. m. (Antike Griechen/Römer)
- Amun, Aton, Horus, Isis, Maat u. m. (Ägypter)
- Göttliche Matrix (Max Planck, Vater der Quantenphysik, Gregg Braden)
- Feld und seine morphogenetischen Felder (Rupert Sheldrake)
- Nullpunkt-Feld (Lynne Mc Taggert, Dr. Richard Bartlett)
- Kollektives Unbewusstes (C.G. Jung, Psychologie)
- Reines Bewusstsein (Buddhismus ist keine theistische Religion)
- Quellbewusstsein (Dr. Michael König, Quantenphysiker)
- Great Spirit (Shamanismus)
- Divine Spirit, Schöpfer, Gott (Spiritualismus)

Definiere Gott in deinen Worten so, wie es sich für dich gut anfühlt. Du spürst diese göttliche Quelle, dafür braucht es keine Worte. Worte sind manchmal religiös behaftet mit einer Bedeutung, mit der man sich nicht immer identifizieren kann. Ich benutze gerne Worte wie Gott und Divine Spirit. Gott ist für mich nicht personalisiert, sondern die Quelle von unerschöpflicher Liebe, die in Form von Energie ganze Universen lebend und lebendig macht und alles zusammenhält. **Gott ist Licht (Energie) und Liebe (Leben), eine großartige Intelligenz.**

Zu meiner Haltung: Ich glaube an Gott, bin aber nicht religiös. Ich respektiere alle Menschen, die Gott einen anderen Namen geben und auch solche, die mehrere Götter verehren. Sogar Atheisten kann ich verstehen, auch wenn ich ihre Ansichten nicht teile. Ich bin überzeugt, dass sie am Ende ihrer irdischen Reise erkennen werden, dass sie etwas verpasst haben. Aber auch das ist zu respektieren. In diesem Zusammenhang finde ich es wichtig, zu verstehen, dass Gott in uns ist, dass wir also Ausdruck von Gott und seiner unendlichen Liebe sind. Diese Vorstellung gefällt mir ganz besonders. Sie zeigt unsere Möglichkeiten im Leben auf und die Selbstverantwortung, die wir dafür tragen. Gottes Funke ist in uns allen und in allem, was lebt. Gott ist Leben, unendliches Leben.

> «Wer Gott liebt, hat keine Religion außer Gott.»
> Rumi (1207 – 1273)

Die objektiven Tatsachen des spirituellen Lebens waren schon immer die Grundlagen der Religion. Aber Angst, Leichtgläubigkeit und Ignoranz haben zu Scheinheiligkeit und Aberglauben geführt, weshalb sich viele Menschen davon abgewendet haben. Doch die Essenz von Gott verstehen wir tief in uns drin. Religion wurde immer im Außen gesucht, aber eine wirkliche «Zurückbindung zum Göttlichen» (= Religion lat. religare und religio) kann nur im Inneren geschehen. Wie gesagt, ich glaube, dass man in jeder Religion die Wahrheit finden kann, leider aber immer nur Teile der Wahrheit. Spiritualismus ist das Erkennen der ganzen, unteilbaren Wahrheit unseres Spirits. Das möchte ich gerne mit folgender Geschichte veranschaulichen:

Die Geschichte «Die Wahrheit ist unteilbar»

Eine Gruppe von Männern untersucht in einem völlig dunklen Zelt einen Elefanten, um zu begreifen, worum es sich bei diesem Tier handelt. Jeder untersucht einen anderen Körperteil (aber jeder nur einen Teil), wie zum Beispiel der Rüssel oder einen Stoßzahn. Dann vergleichen sie ihre Erfahrungen untereinander und stellen fest, dass jede individuelle Erfahrung zu ihrer eigenen, vollständig unterschiedlichen Schlussfolgerung führt. Sie beginnen sich zu streiten und jeder behautet, die Wahrheit zu kennen. Jeder hat mit seiner Feststellung im Kern recht, aber würden sie einander respektvoll zuhören, würden sie gemeinsam die gesamte Wahrheit erkennen. Die Wahrheit ist nun mal unteilbar.

Im Gleichnis steht die Blindheit (oder das Im-Dunkeln-Sein) dafür, nicht in der Lage zu sein, klar zu sehen. Der Elefant steht für eine Realität (oder eine Wahrheit). Die Geschichte soll aufzeigen, dass die Realität sehr unterschiedlich verstanden werden kann, je nachdem, welche Perspektive man hat oder wählt. Dies legt nahe, dass eine scheinbar absolute Wahrheit, auf die man durch tatsächliche Erkenntnis von nur unvollständigen Wahrheiten schließt, auch nur «relativ absolut» oder «relativ wahr», d.h. individuell und subjektiv verstanden werden kann.

Dialog mit Gott oder die Kraft des Gebetes

Wenn du betest, in welcher Form du das auch immer tust, wirst du zum Gebet. Gott ist in dir, nicht außerhalb von dir, weshalb du den Dialog mit ihm nur im Innern führen kannst. Es sind dabei nicht die Worte aus deinem Kopf, sondern aus deinem Herzen, denn das resoniert mit der göttlichen Frequenz. Du kommst also in einen Zustand von Gedankenfreiheit und absolutem Sein. Zum Gebet zu werden hat mit Kontemplation zu tun, das absolute Baden im göttlichen Bewusstsein. Ich liebe diesen Zustand von Einssein. Dort, wo nichts und doch alles ist. Das ist ein leichter Trance-Zustand, der uns erlaubt, ganz nahe an der göttlichen Quelle zu sein, darin zu baden, eins zu werden. Es gibt verschiedene Arten von Gebet, da es ja auch verschiedene Arten von Menschen gibt. Hier empfehle ich dir: Finde deinen eigenen Zugang zum Beten.

Was du beim Gebet beachten kannst: Wenn du in deinem Gebet um etwas bittest, erwarte nicht, dass du es im Außen einfach erhältst. Aber wenn du durch die Aufrichtigkeit und Tiefe deiner Gedanken zu deinem Gebet wirst, dann erkennst du subtil die Antwort. Ein plötzliches Verständnis, das aus deiner Seele entspringt und dir innere Kraft schenkt.

Im Gebet geht es nicht darum, um Dinge zu bitten. Im Gebet geht es vielmehr darum, zuzuhören, in eine Art Dialog zu kommen und darum, eins zu sein mit der göttlichen Wirklichkeit. Wir werden zu Gott und wenn wir dieser inneren Stimme zuhören, erhalten wir Antworten, die uns befähigen, die aktuelle, schwere Lebenssituation zu bewältigen. Wir erhalten ein Verständnis dafür, wie wir es anpacken können. Wir fühlen die innere Stärke und unser Potenzial, es zu schaffen. Dieses Wissen erfahren wir nicht von einer äußeren Quelle, sondern aus einer inneren Realität. Wenn wir uns unserem Schöpfer in einem Gebet so nahe fühlen, sind wir mit Liebe und Demut erfüllt. Ein wunderschöner Zustand, den man nur ungern wieder verlässt. Und wenn wir unser Gebet beenden, fühlen wir diese innere Kraft weiter in uns. Wir fühlen uns zutiefst berührt.

Ein Teil unseres Gebetes sollte darauf gerichtet sein, seinem Spirit Team und der göttlichen Quelle zu danken und diese Zusammengehörigkeit zu wertschätzen. Es ist wunderschön, diese spezielle Verbindung jederzeit herstellen zu können, wann immer du es möchtest. Du benötigst weder Geld, noch bist du auf jemanden angewiesen. **Das Tor zur geistigen Welt ist immer in dir. Das Gebet ist einer der Schlüssel, der dir erlaubt, einzutreten.**

Das Leben ist
das Geschenk
einer einmaligen,
wunderschönen Reise mit
Verfalldatum. Die Erde
ist deine Spielwiese.

KAPITEL 7

Der Sinn des Lebens: Die irdische Reise «Leben» und die Reise zurück «Sterben»

Erkenne dich selbst und entfalte dein Potenzial

Mit 13 Jahren erhielt ich mein erstes Tagebuch. Wie für viele Menschen war auch für mich die Teenager-Zeit eine herausfordernde Zeit. So entdeckte ich im Schreiben meinen inneren Dialog mit meiner Seele. Ich fühlte mich verstanden und geborgen. Seither schreibe ich Tagebuch, nicht täglich, sondern in wichtigen Momenten und Ereignisse in meinem Leben, als Jahresrückblick oder als Selbstreflektion, um wichtige Entscheidungen zu treffen oder um Dinge zu verarbeiten. Beim von meiner Seele inspirierten Schreiben versinke ich in diesen Dialog mit meinem höheren Selbst. Dabei schreibe ich nicht mit meinem Kopf, sondern die Worte entspringen aus meinem Herzen. Ich liebe es, mich im Schreiben zu verlieren und zu finden.

«Das Leben ist wie Zeichnen ohne Radiergummi» sagte der Maler und Schriftsteller Oskar Kokoschka. Tagebuchschreiben war mir im Leben immer eine unbeschreiblich hilfreiche und lehrreiche Unterstützung. Erkenntnisse, die nicht von außen, sondern von innen, von mir selbst entstehen. Statt mal ein Buch zu lesen, lese ich in einem meiner mittlerweile 21 Tagebücher. Darin verstehe ich meine Geschichte, bin mir meines Lebenswegs bewusster. Das ist auch eine gute Art von Meditation; denn beim Lesen zwischen den Zeilen dringt das Wissen von «I am» durch, der Seinszustand wird bewusst und ich empfinde Dankbarkeit für alles, was ist oder war. Die einzelnen Stationen meines Lebens rückblickend zu betrachten (Regnose),

lässt mich das große Ganze verstehen. Und das schafft Selbstvertrauen, Selbstbewusstsein, Akzeptanz, Lebenswissen und macht die Selbstverantwortung sichtbar, die wir gegenüber unserem Leben, gegenüber uns und anderen haben.

Im Gegensatz zur Prognose (in die Zukunft schauen), die Angst machen und lähmen kann, führt man den Blick bei einer Regnose vom erreichten Ziel aus zurück. Das macht Spaß und hilft, die Selbstwirksamkeit zu stärken sowie inneres Potenzial freizusetzen. Versuche es selbst!

Durch das Schreiben und Zeichnen erkenne ich mich selbst. Über die Jahre habe ich so meinen bisherigen Lebensweg festgehalten. Das unterstützt mich wertvoll dabei, meine Entwicklung auf Seelenebene zu verstehen. Tagebuchschreiben gehört zu den tollsten Dinge, die ich in meinem Leben je getan habe und dafür bin ich dankbar. Vielleicht hast auch du diese Erfahrung gemacht? Falls noch nicht, kannst du heute damit beginnen. Das Tagebuchschreiben ist sehr wertvoll und ich sehe es auch als eine Form von Meditation, es ist spirituelle Arbeit. Dich selbst zu erkennen und danach zu leben heißt, bewusst deinen eigenen, göttlichen Weg zu gehen. Pflege die Beziehung zu dir selbst. Das führt zu Erkenntnisreichtum und lässt dich dein menschliches Potenzial erkennen.

Das bewusste Planen deiner irdischen Reise

Stell dir vor, du gehst auf eine Reise auf einen anderen Kontinent. Würdest du da einfach zum Flughafen fahren und in ein Flugzeug steigen? Würdest du dort ankommen und dir überlegen, was du dort nun als Nächstes unternimmst, es darauf ankommen lassen, wohin es dich zieht? Wohl kaum. Wenn du dich auf eine Reise begibst, planst du monatelang im Voraus, überlegst dir, welche Kleider du mitnehmen möchtest, was du dort unternehmen könntest, das dir Spaß macht. Du recherchierst vorgängig übers Land, redest mit Freunden, verfolgst die Wetterverhältnisse für deine Reisezeit, vielleicht kaufst du dir Wanderschuhe. Das alles tust du, damit du die Zeit dort voll auskosten und möglichst viel erleben kannst. Nicht wahr? Diese bewusste Planung bereitet dich auf eine wunderschöne Reise vor.

Anderst ist es beim Sterben. Darauf bereiten sich die wenigsten Menschen vor. Obwohl wir alle wissen, dass jeder einmal sterben wird, wird dieser Gedanke in unserer westlichen Welt verdrängt und durch Angst ignoriert, bis das Unvorhergesehene eintritt. Das finde ich sehr schade. Der Tod ist ein Ereignis, welches unsere Gesellschaft völlig ausblendet. Dann zieht es den hinterbliebenen Menschen buchstäblich den Teppich unter den Füßen weg und sie fallen in ein tiefes Loch von Traurigkeit, Trauer und Bedauern, dass Wichtiges unausgesprochen blieb. Zu diesem Zeitpunkt ist es aber bereits zu spät. Der geliebte Mensch hat seine Reise in die geistige Welt angetreten und kommt nicht wieder zurück.

Was ich mit dieser Geschichte verbildlichen möchte, ist, dass wir zum einen gut daran täten, unsere irdische Reise laufend zu reflektieren (z. B. Tagebuch), uns unseren Visionen und Herzenswünschen bewusst zu werden und sie zu erfüllen sowie Herausforderungen mitzugestalten und dies alles im «Big Picture» zu sehen. Zum anderen für das Sterben – wann immer das sein wird – heute bereits zu wissen, was dich beim Übergang erwartet, wie du in der geistigen Welt weiterleben wirst und wofür das diesseitige Leben für das jenseitige wichtig ist. Dieses jetzige Leben ist für unser Weiterleben in der geistigen Welt insofern wichtig, als dass alles Erlebte und in Erfahrungen Gespeicherte für danach relevant ist. Mein Spirit-Team hat mich dieses Wissen über all die Jahre gelehrt und mit diesem Buch möchte ich es mit dir teilen. Es soll dich in deinem Leben ebenso bereichern, wie es dies in meinem tut. Bereits als Kind beschäftigten mich die Fragen: «Warum leben wir? Was machen wir danach, wenn wir es nicht mehr tun?» In der Nacht, als mein Großvater «Papouli» starb, erschien er mir in der Traumwelt. Er verabschiedete sich und ich fragte ihn: «*Wohin gehst du jetzt?*» Darauf antwortete er mir: «*Ich gehe nach Hause, aber ich bin nur einen Gedanken entfernt von dir.*» Ich bin meinem Spirit-Team sehr dankbar. Sie lehren mich, bewusster zu leben und auch andere Menschen darin zu unterstützen. Als Medium fällt mir auf, dass Menschen oft nicht nur das Sterben fürchten, sondern manchmal auch das Leben selbst. Nicht nur das Sterben wird oft nicht sorgfältig vorbereitet, sondern das ganze Leben überhaupt.

Wozu bist du da? Die Universität des Lebens

Das irdische Leben ist eine Universität des Lebens. Wir kommen, um zu lernen. Alles, was wir danach mitnehmen, ist abgespeichertes Wissen und Erkenntnisse. Du kannst es auch mit einem Spielplatz vergleichen. Du kannst deinen Sandkasten erforschen, etwas erschaffen und aus dem Gelernten etwas Neues aufbauen. Innerhalb des Sandkastens ist vieles möglich. Du hast deinen freien Willen, und du lernst durch das Erschaffen das kleinste Körnchen kennen. Der einzige Grund, warum wir diese irdische Reise machen, ist, dass wir Dinge in grobstofflicher Materie erschaffen, Erlebnisse sammeln und daraus lernen. Da wir mit allem verbunden sind, haben wir nicht nur den freien Willen, sondern auch die Verantwortung für unser Tun und Nichttun. Wenn wir nach Hause zurückkehren, betrachten wir das Erschaffene und verstehen den großen Sinn. Wir erkennen, wie wir an der Universität des Lebens gewachsen sind und durchs Üben in mehrerer Hinsicht zu vielem befähigt wurden. Durch das Entdecken unseres Potenzials und das Anwenden unserer Stärken haben wir Freude und Selbstvertrauen gewonnen. Das lässt uns erkennen, wer wir sind. Wir haben etwas gewagt und haben viele Erkenntnisse gewonnen. Wenn wir später erwachsen sind, leben wir diese Essenz der Sandkasten-Erfahrung weiter, haben sie weiterentwickelt und benutzen die daraus entstandenen Fähigkeiten weiter – so, wie wir auch unsere Lebenserfahrungen im Leben danach weiter nutzen werden. Deshalb ist ein bewusstes Leben eine Vorbereitung auf das Leben danach. Eine Schule, die man besucht, um daraus etwas Größeres zu erschaffen. Ergibt das Leben so nicht noch viel mehr Sinn und Freude? Weißt du nun, was der Sinn deines Lebens ist? Der Sinn besteht darin, Erfahrungen in der dualen Welt zu machen, sie durch Gefühle wahrzunehmen und daraus zu lernen. Durch Ursache und Wirkung erkennst du die Selbstverantwortung für dein Denken und Handeln und entfaltest das beste «Ich», das du sein kannst.

Ursache und Wirkung. Es geht dabei nicht um Bestrafung oder Ähnliches. Die Lernmethode der Natur besteht darin, uns die Auswirkungen unserer Handlungen spüren zu lassen, uns an den Konsequenzen eines Moments leiden zu lassen, damit wir den Lerneffekt in der Seele verstehen. Das gibt dir Wissen über die Natur der Kräfte, von denen wir umgeben sind und mit denen umzugehen wir lernen müssen.

Das Überwinden der Komfortzone

Stell dir vor, du gewinnst eine einmalige Reise und verbringst Ferien auf einer atemberaubenden Insel. Gleich nach der Ankunft wirst du in dein Ferienresort gebracht, wo du zwei Wochen verbringen darfst. Alles ist da – Bungalow, Pool, Strand, Freizeitsport, Bar, WLAN, üppiges Essen. Täglich wirst du unterhalten, musst nichts dafür tun, nur konsumieren. Du wirst mit jedem Tag träger und müder, aber es ist ganz bequem in diesem Liegestuhl. Deshalb verlässt du das Resort kein einziges Mal. Nach zwei Wochen sitzt du wieder im Flugzeug heimwärts. Beim Start fliegt ihr tief über die ganze Insel, und du erkennst viele atemberaubende Plätze: Wasserfälle mit Regenbogen, einen Urwald-Canyon, blumenbedeckte Traumwiesen und Tiere, die du noch nie gesehen hast. Der Steigflug führt euch über das Ferienresort, in dem du die letzten zwei Wochen verbracht hast, und du erkennst in diesem Augenblick, dass das Resort nur ein ganz kleiner Teil des Ganzen war. Wie konntest du bloß mit so wenig zufrieden sein? Das wird dir in diesem Moment bewusst. Leider zu spät. Du fliegst bereits nach Hause zurück.

Was mich schon immer faszinierte, war nicht nur das Wissen über die geistige Welt oder dieses Leben, sondern das Zusammenspiel beider Welten. Für mich ist das Leben wie die oben beschriebene Geschichte: **das Geschenk einer einmaligen Reise.** Wir kommen auf diesen wunderschönen Planeten Erde, spielen in unserem großen Sandkasten und kehren danach wieder zurück. Alles, was wir beziehungsweise unsere Seelen mitnehmen, sind gespeicherte Erfahrungen sowie Erinnerungen an neu erlernte Fähigkeiten, ausgelebte Wünsche und erkannte Zusammenhänge. Um sich das besser vorstellen zu können, verwende ich gerne den Vergleich mit einem Laptop. So, wie wir ihn mit Informationen füttern, Programme installieren und Verknüpfungen erstellen, speichert unsere Seele Informationen und nimmt sie mit ins unendliche Leben danach. Wer seinen Laptop bewusst einsetzt, speichert nicht alles, sondern fragt sich vorher, ob es sinnvoll ist, eine bestimmte Datei auf der Festplatte abzulegen. Ähnlich verhält es sich mit unserer Seele. Wir fragen uns, wofür sie diese Informationen, Erlebnisse und «Updates» sammelt. Was tut sie nach dem irdischen Speichern damit? Wofür sind sie gut? Wäre es nicht eine Verschwendung, sinnlos Daten zu speichern und sie am Schluss nicht weiter zu verwenden? Wenn wir das irdische Leben verlassen, wird uns das, was unsere Seele gespeichert hat, zusammenfassend bewusst. Wie in einem Film sehen wir dann unser Leben nochmal an uns vorbeiziehen. Im

Buch von Bronnie Ware, «*5 Dinge, die Sterbende am meisten bereuen*», beschreiben Menschen diesen Prozess und erkennen, was sie verpasst haben. Worauf es im Leben eigentlich wirklich angekommen ist. Sie berichten:

- «Versäumnis Nr. 1: Ich wünschte, ich hätte den Mut gehabt, mir selbst treu zu bleiben, statt so zu leben, wie andere es von mir erwarteten.
- Versäumnis Nr. 2: Ich wünschte, ich hätte nicht so viel gearbeitet.
- Versäumnis Nr. 3: Ich wünschte, ich hätte den Mut gehabt, meinen Gefühlen Ausdruck zu verleihen.
- Versäumnis Nr. 4: Ich wünschte, ich hätte den Kontakt zu meinen Freunden gehalten.
- Versäumnis Nr. 5: Ich wünschte, ich hätte mir mehr Freude gegönnt.»

Wir haben es uns gemütlich gemacht in unserer Komfortzone. Das ist ganz okay, nur müssen wir sie zwischendurch verlassen, um zu wachsen und mehr zu erleben. Wenn wir am Schluss unseren «Lebensfilm» betrachten, sollten wir sagen können: «*Das war eine tolle Reise auf der Erde!*»

Es braucht Mut, die Komfortzone zu verlassen, höre ich oft von meinen Klienten. Ängste werden geäußert: «Was ist, wenn es doch nicht gut kommt?» Es braucht Mut, um diese Ängste vor dem Neuen zu überwinden. «Was geschieht, wenn ich mich nicht traue? Mache ich dann nur ‹Resort-Ferien›?» Diese Menschen unterstütze ich in meinen Beratungen, sich ihrer Fähigkeiten und Stärken bewusster zu werden und in sie zu vertrauen, denn Vertrauen ist noch stärker als Mut. Vertrauen bezieht seine Kraft aus dem Innersten des Selbst. Zusätzlich zum Vertrauen in sich selbst mindestens ebenso wichtig ist es, den Wert des Lebens zu erkennen und sich dafür einzusetzen, dass es so wird, wie wir es uns wünschen. Weil uns das Leben wertvoll ist, erkennen wir, dass wir etwas dafür tun müssen und auch möchten. Es genügt nicht, nur zu sein. Wir müssen auch danach handeln. Wir können nicht nur etwas anstreben, wir müssen auch etwas tun, um es zu erschaffen. Das Geistige findet seinen Ausdruck in der Materie. Leben ist Bewegung. Den Wert zu erkennen heißt, das Leben auszukosten – in allen schönen und weniger schönen Momenten; anzunehmen, was ist, und sich klar zu werden, wie man zu leben wünscht. Du kannst dein Leben weder verlängern noch erweitern, du kannst es nur vertiefen.

Die Selbsterkenntnis war schon bei den Philosophen die inspirierendste Quelle von allen. Wir sind Schöpfer unseres Lebens. Werde dir deiner Selbstbestimmung bewusst, reflektiere, entscheide, handle und überprüfe. Diese vier Schritte führen dich zu deinen persönlichen Zielen. Dies geschieht manchmal auf Umwegen, manchmal musst du eine Strecke wiederholen, um den Lerneffekt zu verinnerlichen. Manchmal musst du gegen den Strom schwimmen, um das zu tun, wofür du dich entschieden hast, oder um deine Werte zu leben. Manchmal erlebst du schicksalhafte Momente, die viel Kraft kosten und in denen es schwer ist für dich, wieder aufzustehen und weiterzugehen. Eins jedoch ist sicher: **Die Erde ist deine Spielwiese. Das Leben ist deine Chance. Es ist wundervoll – und hat ein Verfalldatum.** Wann das ist, bleibt dir verborgen, aber es ist sicher.

Wie mein Vater voller Lebensfreude und mit glänzenden Augen immer sagt: «*Es lebe das Leben.*» Es ist wahrhaft nicht immer einfach, unser Leben. Oft fordert es uns bis an die Grenzen unserer Fähigkeiten. All das tut es jedoch, um unsere Seelenwünsche zu erfüllen und damit wir daran wachsen. Mehr noch: Nicht nur wir lernen von unseren Erfolgen und Misserfolgen, sondern auch unsere Seelenfamilie lernt mit uns mit. Stell dir vor, du bist der Dokumentarfilm. Deine Seelenfamilie schaut dir zu und teilt so deine Erfahrungen. Dieses Wissen werden wir in der geistigen Welt weiterverwenden und weiterentwickeln, denn dort geht die Evolution weiter. Wo Leben ist, ist Evolution – im Diesseits und im Jenseits.

Der Sinn des Lebens: Sei, wer du wirklich bist

Was ist der Sinn und Zweck des Lebens? Unser ganzes Leben lang versuchen wir den Grund herauszufinden, warum wir auf dieser Erde inkarniert sind. Wir denken darüber nach, was wir glauben sollen und was nicht. Tief im Innern spüren wir, dass da etwas ist. Wir versuchen zu verstehen, wer Gott ist und ob wir unsere irdische Reise auch «richtig» nutzen. Wir machen uns sehr viele Gedanken. Wir verbringen viel Zeit unseres Lebens damit, den Sinn des Lebens zu finden und ihn zu leben. Aber was ist, wenn wir sterben und in die geistige Welt gehen? Was ist, wenn wir erkennen, dass wir den Sinn des Lebens gesucht, aber nicht gefunden haben? Oder was ist, wenn wir den Sinn und Zweck unseres Lebens über Jahre suchen und ihn dann tatsächlich finden? Was machen wir danach? Wonach würden wir weitersuchen?

Die Antworten auf diese Fragen werden wir erhalten, wenn wir sterben und den holistischen Grund und Sinn des Lebens begriffen haben. Das werden wir zu diesem Zeitpunkt rückblickend und gesamthaft erkennen. Dazwischen müssen wir einen Weg finden, mit dieser unangenehmen, offenen Frage umzugehen. Denn das ist Leben, es ist ein spannendes Abenteuer. Ein Buch, das wir verstehen, wenn wir es fertiggelesen haben. Dazwischen versinken wir in den einzelnen Seiten und erleben die darin beschriebenen Geschichten bewusst und intensiv. Alles, was wir also zu tun haben, ist, in unserer eigenen Kraft zu sein und das Leben voll und bewusst zu leben, es nicht nur zu beobachten und zu kommentieren, sondern es intensiv zu erleben. Lass dich auf das Leben ein und höre täglich hin, wo es dich hinführen will. Am Ende des Lebens willst du nicht bereuen, Dinge nicht getan zu haben, Gefühle nicht erlebt zu haben, Freuden nicht geteilt zu haben, unwichtigen Dingen Zeit geschenkt zu haben, deine Herzenswünsche nicht erfüllt zu haben, nicht wirklich intensiv gelebt zu haben.

Wenn wir erkennen, dass wir vollkommene Wesen sind und dieses Leben unsere Spielwiese ist, auf der wir unsere Seele zum Ausdruck bringen, indem wir uns im Alltäglichen erfahren, dann können wir unser Leben authentisch und mit mehr Lebensfreude erleben. Dann sind wir innerlich frei. Wir erkennen das Schöne in allem, auch in uns und anderen. Wir verstehen die Möglichkeiten, zu handeln, und eine offene Haltung lässt uns Unvorhergesehenes besser bewältigen. Wir fördern uns und andere, anstatt dass wir zweifeln oder uns anderswie limitieren. Der Sinn des Lebens ist es, all die Schönheit zu erkennen, die uns umgibt. Alles, was du sein musst, ist du selbst. Nicht jemand anderes, sondern dich in allen Facetten erkennen, die dich ausmachen. Die persönliche Entwicklung besteht also darin, besser zu erkennen, wer wir sind, und durchs Erkennen mehr das zu sein, was wir sind. Persönliche Entwicklung bedeutet nicht, etwas anderes zu sein, als man ist. Der Mainstream zeigt, wie man sein sollte (Aussehen, Verhalten, Benehmen, Kleidung u. m.). Viele Menschen passen sich an, weil sie dazugehören wollen. Lass dich nicht blenden. Lass das Dogma anderer nicht zu deinem werden. Lebe deine Ideale und Werte. Sei offen für deinen persönlichen, authentischen Lebensstil. Halte nicht an bestimmten Lehren oder Theorien fest oder schenke Menschen keine große Aufmerksamkeit, die nicht dazu bereit sind, über den Tellerrand zu blicken und andere Meinungen zu akzeptieren. Sturheit behindert den Lebensfluss.

Im Sinn des Lebens geht es darum, sich so anzunehmen, wie man ist. Das setzt eine starke Energie frei und lässt dich dein ganzes Potenzial erkennen, das bereits in dir angelegt ist. Werten und Vergleichen macht uns immer klein. Es gibt uns das Gefühl, wir müssten noch mehr sein, und wir rennen rastlos weiter zum nächsten Kick. Okay, das ist nicht immer einfach. Die Welt suggeriert uns laufend, wie wir sein sollten und beeinflusst uns durch Vergleiche, Rankings, Werbung und Medien. Das finde ich sehr gefährlich für das individuelle Leben. Davon sollten wir uns bewusst befreien und authentisch bleiben. Niemand sagt uns, dass wir bereits wunderbar und vollkommen sind, wie wir sind. Wir rennen von einem Hotspot zum nächsten, posten Fotos aus aller Welt, um dazuzugehören. Tragen Kleider, die andere beeinflussen sollen, aber unsere Persönlichkeit verstecken. Und am Schluss wissen wir nicht mehr, wer wir wirklich sind. Wenn wir uns mit anderen vergleichen, verliert dabei immer einer. Aber wie wäre es, wenn wir respektieren, verstehen und sehen, dass jeder Mensch einmalig und auf seine Weise etwas ganz Besonderes ist und dass diese Vielfalt schön ist. Nur schon zu sein ist schön. Das kann manchmal herausfordernd sein, weil unser ganzes System darauf ausgerichtet ist, mehr zu werden. Damit kann man viel Geld verdienen, weil es dabei immer Dinge gibt, die man noch lernen, kaufen, werden muss. Ist das nicht entspannend, wenn man erkennt, dass man schon ist und gar nicht so viel braucht? Wir sind rastlos, getrieben von dem Vorbild, das wir sein wollen. Wir vergleichen und sehen nur, was wir noch nicht sind. Das hört nie auf. Dann unternehmen wir so viel, schließen das eine ab, um den Fokus bereits wieder aufs nächste Ziel zu richten, das wir vermeintlich erreichen müssen. Dabei erkennen wir, dass wir immer noch nicht das sind, was wir eigentlich sein wollen bzw. sollen und das gibt uns immer das diffuse Gefühl, nicht zu genügen.

Manchmal ist es herausfordernd, sich dem Druck von außen zu entziehen, sich einfach entspannt anzunehmen, sich sogar zu lieben. Das äußere Diktat, immer besser, schneller, schöner, klüger, schlanker zu sein etc. begegnet uns täglich und suggeriert uns, noch nicht angekommen zu sein. Wie wäre es, einfach mal stehen zu bleiben und das zu sein, was man bereits angehäuft hat? Zu erkennen: Ich brauche gar nichts mehr, ich möchte einfach sein und das Leben genießen. Zu erkennen, dass wir uns automatisch weiterentwickeln, wenn wir uns mit uns und unserem Leben auseinandersetzen. Diese Erfahrung als Mensch zu machen, ist großartig genug. Denn sonst gehen wir am Schluss wieder heim und erkennen, dass wir das, was wir sind, gar nicht wirklich gelebt haben. Dass wir das Licht, das wir sind, gar nie gesehen haben, dass wir es gar nie groß haben scheinen und leuchten lassen. Dieses Licht in uns lässt uns lieben, uns selbst und andere. **Selbsterkenntnis und Selbstakzeptanz fördert die Selbstliebe.** Wenn wir das verstehen, erlauben wir uns und anderen, innere Freiheit zu erleben und bedingungslos zu lieben.

Alles, was wir lernen, hat mit diesem und keinem früheren Leben zu tun. Karma bezieht sich auf dieses Leben (Ursache und Wirkung).

KAPITEL 8
Die Verbindung mit der geistigen Welt, Spirit-Guides und der Seelenfamilie

Deine Spirit-Guides (Geistführer)

Oft möchten meine Klienten wissen, wie ihr Spirit-Guide heißt und wie er oder sie aussieht. Nun, wir haben nicht nur einen Spirit-Guide, sondern mehrere. Es ist eher ein Kollektiv von mehreren (inkarnierten und nicht inkarnierten) Spirits, die uns auf unserer irdischen Reise unterstützen, uns weise beraten oder uns auf etwas aufmerksam machen. Wir haben Spirit-Guides, die ein Leben lang bei uns sind und einige, die in spezifischen Lebensphasen auftauchen. Ich nenne sie mein Spirit-Team. Sie sagten mir mal, dass es nicht wichtig ist, ihnen einen Namen zu geben, denn sie sind nicht personifiziert. Wenn du ihnen für dein besseres Verständnis einen Namen geben möchtest, ist das in Ordnung. Das brauchst du aber nicht. Viel wichtiger als ihren Namen zu kennen ist es, sie zu spüren und ihnen zuzuhören.

Meine zurzeit ca. 15 Spirit-Guides unterstützen mich auch in meiner Arbeit als Medium, wofür ich ihnen sehr dankbar bin. Es ist eine wunderschöne Teamarbeit. Sie haben diverse und unterschiedliche individuelle Fähigkeiten, die je nach Klientenbedürfnis relevanter sind. Ich überlasse es ihnen und, wie gesagt, sie arbeiten als Kollektiv, weshalb ich sie mein Spirit-Team nenne. Den im Deutschen verwendeten Namen «Geistführer» benutze ich nicht, da ich weder mit dem Wort «Geist» noch mit dem Begriff «Führer» etwas anfangen kann. Sie sind vielmehr «Guides», die mich liebevoll leiten und inspirieren, als «Führer», die mich bestimmen oder Einfluss nehmen.

Die Verbindung und das Zusammenwirken mit deiner Seelenfamilie

Was ich von meinem Spirit-Team in diesem Zusammenhang erfahren durfte, hat mich zutiefst geprägt. Das möchte ich mit dir teilen; denn es wird auch dich das Leben in einer erweiterten Dimension erkennen lassen und dich bereichern. Sie sagten: *«Was du hier auf der Erde tust, all diese Erfahrungen erleben wir in der geistigen Welt mit dir mit.»*

Sie gehen mit dir durch Herausforderungen und lernen mit dir aus den Erfahrungen, die du dadurch gewinnst. Deine erlebte, persönliche Entwicklung ist auch die ihre. Mein Großvater und meine Mutter sagten mir, sie entwickeln sich dadurch auf ihren Ebenen weiter, weil ich Dinge erlebe, die sie nicht erlebt haben. Diese Botschaft hat mich tiefwirkend verändert im Verstehen, warum ich lebe. Es hat mir eine größere Bedeutung gegeben, ein besseres Verständnis der Dimensionen von Evolution gelehrt und eine Verantwortung aufgezeigt, die ich nicht nur mir gegenüber habe, sondern auch gegenüber meinen Freunden in der geistigen Welt. Es ist somit ein großes Geschenk, das ich nicht nur mir, sondern auch ihnen machen kann. Das berührt mich zutiefst. Das Leben macht mit dieser Erkenntnis so viel mehr Sinn. Sie unterstreicht, dass der Sinn des Lebens darin besteht, sich zum Ausdruck zu bringen und durch Erfahrungen innerlich zu wachsen. Wir alle teilen Erfahrungen und erweitern unseren Seelencomputer. Wie in einer Cloud sind wir alle miteinander verbunden und der Erfahrungsschatz dringt zu allem durch, was ist. **Evolution findet nicht nur im Diesseits statt, sondern ebenso im Jenseits.**

Seit mein Spirit-Team mir dies gesagt hatte, veränderte sich die Art und Weise, wie ich das Leben sah, um 180 Grad. Ein Bewusstseins-Shift wie damals, als man erkannte, dass die Welt keine Scheibe, sondern rund ist. Es wurde plötzlich vieles möglich. Ich erkannte seither den übergeordneten Grund meines Lebens und die Verbundenheit in meiner Community (im Dies- und Jenseits). Da ist auch kein Platz mehr für ein diffuses Gefühl des Alleinseins, das Menschen manchmal spüren. Wir sind nie allein, sondern immer verbunden. Diese Erkenntnisse lassen uns ganz anders leben: mit mehr Lebensfreude, Abenteuerlust, Freigeist, Verantwortung und Lernbegeisterung. Ohne Ängste oder andere selbstauferlegte, mentale Limitierungen öffnen wir uns dem Leben und erleben dadurch eine fantastische Reise, und zwar für uns, aber auch für unsere Spirit-Friends. Zum Beispiel, wenn ich eine abenteuerliche Reise unternehme, neue Landschaften und Kulturen besuche, mutig Neuland betrete und damit totale Freude erlebe oder auch, wenn ich bei meiner Arbeit eine große Herausforderung meistere, erscheint meine Mutter oder mein Großvater und lässt mich wissen, dass das auch für sie eine bereichernde Erfahrung war. Sie versichern mir, dass sie viel dadurch gelernt haben, weil sie dies zu ihren Lebzeiten nicht getan hätten. Ich war schon immer ein Freigeist und manchmal ein Rebell und diesen Mut hatten sie zu ihren Lebzeiten nicht – verständlicherweise, denn sie lebten in anderen Lebensumständen. Sie erlebten zum Beispiel Krieg, ich nicht. Solche Erfahrungen prägen den Menschen. Heutzutage haben wir viel mehr Möglichkeiten. All diese Erfahrungen, die wir machen, teilen wir miteinander. Dass ich ihnen das geben kann, erfüllt mich mit unglaublich viel Freude, weil ich doch auch sehr dankbar bin für alles, was meine Mutter und mein Großvater mich gelehrt, mir gegeben und gezeigt haben. **Das Leben wirkt auf beiden Seiten.** Ist das nicht fantastisch?

Wenn du dich also manchmal fragst, was der Sinn deines Lebens ist und wofür du es lebst, erhältst du hiermit eine tiefwirkende Erklärung. Diese Einsicht kann dich von heute auf morgen zu einem anderen Bewusstsein bringen. Dein Denken und Handeln wird zielfokussierter, du trägst eine grössere Verantwortung, du siehst höhere Perspektiven und bist sehr dankbar über diesen Austausch. Sind wir doch bei allem, was wir tun, stets Schüler und Lehrer. Das irdische Leben hat dadurch einen übergeordneten Sinn, nicht wahr?

Was wir hier erleben, erlebt unser Spirit-Team mit uns. Die Erfahrungen und Empfindungen nehmen sie wahr, als ob sie selbst diese Reise erlebten. Dadurch lernen auch sie von den Erlebnissen, so wie ich davon lerne. Man kann das mit der menschlichen DNA vergleichen: Im Zellkern sind alle Informationen des gesamten Körpers enthalten. Ändert sich in einer Körperzelle etwas, werden diese Informationen auch auf alle anderen Körperzellen übertragen. Dieses Zusammenspiel hat der persische Sufi Rumi schön auf den Punkt gebracht: *«You are not a drop in the ocean. You are the entire ocean in a drop.»* **Du bist nicht ein Tropfen im Ozean. Du bist der ganze Ozean in einem Tropfen.** In deinem Tropfen ist also alles enthalten, was auch alle Miglieder deiner Seelenfamilie erlebt haben. Wir sind kein unbedeutendes Sandkorn im Universum, sondern das ganze Universum ist in einem Sandkorn vorhanden. Das erklärt auch das Gefühl von Reinkarnation, worauf ich als Nächstes zu sprechen komme.

Gibt es Reinkarnation?

Ich möchte Reinkarnation nicht ganz ausschließen, aber sie ist eher selten. Wir erleben meist drei Arten von Erlebnissen, die uns das Gefühl einer möglichen Reinkarnation vermitteln:

1) Eine in diesem Leben selbst gemachte Erfahrung

Zum Beispiel hast du als 6-jähriges Kind den Film Spartacus gesehen (oder ein Buch gelesen oder eine Geschichte erzählt bekommen oder ein Trauma erlebt). Diese Erinnerung ist in deinem Unterbewusstsein gespeichert, auch wenn du dich nach all den Jahren nicht mehr daran erinnerst. Als Kind absorbiert man noch viel mehr. Es bleibt das Gefühl, dass dir die römische Zeit bekannt ist, du mal ein Römer warst und dies und das getan hast. In Fragmenten hast du ein Erinnerungsgefühl und gehst deshalb davon aus, dass das ein früheres Leben von dir gewesen sein muss – auch weil dieser Irrtum bei Menschen weit verbreitet ist und viel darüber gesprochen wird.

Als Kind habe ich mich sehr für die griechische Antike interessiert und las viel darüber. In allen Tempeln, die ich mit meinen Eltern besuchte, wurde ich eins mit den Geschichten darüber und meine Faszination bliebt mein ganzes Leben bestehen. Dazu kam, dass mir mein Großvater und mein Vater viele Geschichten von den alten Griechen und den Göttern erzählten, um mich ihre wertvollen Weisheiten zu lehren. Ich hörte immer sehr gespannt zu und stellte mir die Situationen bildlich vor. Das hat mich so geprägt, dass ich als Teenager glaubte, in einem früheren Leben eine Dienerin eines Tempels gewesen zu sein und dort gelebt zu haben. Ich kann gut nachvollziehen, dass wir bei solchen Empfindungen an Reinkarnation glauben. Es ist weniger spektakulär, zu glauben, dass es sich lediglich um gespeicherte (unbewusste) Erinnerungen unseres Unterbewusstseins handelt. Aber so ist es.

2) *Eine in diesem Leben gemachte Erfahrung eines deiner Seelenverwandten, als er lebte*

Einer deiner Vorfahren, der in der selben Seelenfamilie ist, lebte in früheren Zeiten. Du warst zu diesem Zeitpunkt noch nicht inkarniert, sondern in der geistigen Welt und erlebtest sein Leben so mit. Die Erfahrungen, die er gemacht hat, das Learning, das er davon erhalten hat, all das hat sich in der

Seelenfamilie-DNA eingeprägt. Somit ist diese Erfahrung dir und deinen anderen Seelenverwandten einprogrammiert worden. Nun machst du deine irdische Reise und erinnerst dich an diese Erfahrung, die ja in deiner (unsterblichen) Seele vorhanden ist. Wie der 9-jährige Junge, der behauptete, schon mal in Frankreich gelebt zu haben und auch einfacher Französisch lernte. Man untersuchte seinen Familienstammbaum und fand heraus, dass sein Ur-Ur-Urgroßvater tatsächlich in Frankreich lebte. Die DNA ist wie ein Memory-Stick in unseren Anlagen vorhanden.

3) Ein Déjà-vu-Erlebnis

Das hast du sicher auch schon mal erlebt: Du stehst irgendwo, z. B. in einem anderen Land und betrachtest hintereinander mehrere Dinge. Dabei hast du das Gefühl, sie genau in dieser Reihenfolge schon mal gesehen zu haben. Aber wie soll das möglich sein, da du ja noch nie hier warst? Also müsste es in einem früheres Leben gewesen sein? Aber wie konnte das gesehene Auto-Modell, das erst zu deinen Lebzeiten gebaut wurde, in einem früheren Leben existiert haben? Bei sogenannten Déjà-vu-Erlebnissen spielt uns das Gehirn einen Streich. In kleinsten Zeitabschnitten erfasst das Auge die Bilder und mit einer kleinen Zeitverzögerung gelangt diese Information über zwei Wege ins Gehirn, wo es erkannt wird. Das gauklet uns nun vor, diesen Bildablauf schon mal gesehen zu haben. Die Wissenschaft nennt das «Optical Delay Theory». Demnach gelangt die Information von einem Auge schneller ins Gehirn als vom anderen.

Keine Reinkarnation. Was bedeutet das für dieses Leben?

Ich finde, das Wichtigste aus der Erkenntnis, dass wir nur einmal leben und nicht mehrmals auf der Erde inkarnieren, ist, unsere Verantwortung für dieses Leben zu tragen und nichts aufzuschieben, denn wir haben nur dieses Leben, um unsere Seelenwünsche zu erfüllen. Diese Erkenntnis lässt uns bewusster leben und innerlich wachsen. **Alles, was wir lernen, hat mit diesem und keinem früheren Leben zu tun.** Das daraus Erfahrene und Erlernte nehmen wir in die geistige Welt mit (Learning). **Karma bezieht sich auf dieses Leben.** Es beschreibt das Prinzip von **Ursache und Wirkung**. Ganz toll finde ich, dass nicht nur wir Individuen Erfahrungen machen dürfen, sondern dass auch unsere Seelenfamilie daraus lernen kann. Alle Informationen des Körpers sind ja auch in einer DNA vorhanden. Bewusstsein ist nicht lokal. Alles ist miteinander verbunden.

Auch ganz wichtig finde ich an der Erkenntnis, dass es keine Reinkarnation gibt, dass Menschen mit diesem Glauben fehlgeleitet werden. Sie entwickeln Statements und Glaubensmuster, welche zu einer falschen Denkweise führen können. Oder noch schlimmer: Man entwickelt subtil das Gefühl, etwas Besseres zu sein, falls man glaubt, schon mal Spartacus, Kleopatra oder Ähnliches gewesen zu sein. Das schmeichelt dem Ego. Oder Aussagen wie «*Ich wurde in einem früheren Leben so und so behandelt und deswegen bin ich heute so*». Das Gefährliche an dieser Haltung ist, dass darin eher eine Strafe als ein Learning (Ursache und Wirkung) verstanden wird. Das bringt uns in zwei gegenseitige Handlungsrichtungen: Bei Strafe ist man eher machtlos, ausgeliefert und in der Opferrolle, ein schlechter Mensch u. s. w. Beim Verstehen von Ursache und Wirkung hingegen fühlen wir uns handlungsfähig und nehmen die Verantwortung für unser Denken und Handeln wahr, ohne uns oder andere runterzumachen. Denn daran wachsen wir, entwickeln unsere Fähigkeiten und nutzen unser Potenzial. Darauf kommt es in der Universität des Lebens an.

Manche Menschen möchten erfahren, wer sie in einem früheren Leben gewesen sind. Mit Rückführungen (Pastlife Regression) in vergangene Leben kann viel Schaden angerichtet werden. Man kann irregeleitet werden. So entstehen blockierende Einstellungen und Glaubenssätze, die verhindern, die wirkliche Wahrheit hinter den aktuellen Lebensproblemen zu betrachten und zu lösen. Wenn man eine schwierige Lebenssituation erlebt, sollte man besser das eigene Leben reflektieren, um mithilfe eines Mediums, Therapeuten oder Coaches Klarheit zu finden. Denn dann kann man das Erfahrene verarbeiten und konkrete Handlungsschritte angehen, um die Situation zum Besseren zu verändern.

Am Schluss noch diese Geschichte zu Reinkarnation

In meinem Spirit-Team sind zwei Indianer an meiner Seite, die beide zu ganz anderen Zeiten inkarniert sind. Der eine ist für mich der Weise und der andere mein Bruder. Ich kann sie sehen und auch energetisch gut voneinander unterscheiden, wenn sie mich besuchen. Wenn ich mich mit ihnen verbinde, zeigen sie mir Erlebnisse aus ihrem damaligen Leben, das ich damals betrachtete, als ich noch in der geistigen Welt war. Als ich mit 19 Jahren einen mehrtägigen Trip ins Monument Valley machte, ritt ich mit einer Indianerfamilie durch die Prärie. Wir übernachteten im Freien, neben unseren Pferden, sie kochten auf dem offenen Feuer und wir sangen und hatten eine Trommel-Session. Danach schliefen wir unter freiem, mit Sternen gefüllten Himmel. Das war ein magischer Moment für mich. Ich erlebte ein tiefgreifendes Erlebnis von Einheit von Natur und Spirit pur. Das alles kam mir so bekannt vor; das muss ich doch schon mal erlebt haben, dachte ich. Ich fühlte mich dort so zu Hause. Es war, als ob ich die Leben meiner zwei Spirit-Friends und das meine auf einem Zeitstrahl übereinander erlebte. Eine tiefe Vertrautheit und ein bleibendes Gefühl von Verbundenheit mit ihnen entstand, das ich bis heute habe. Ich kann gut verstehen, wenn man das Gefühl eines früheren Lebens hat, ist die Erfahrung doch so nahe fühlbar. In dieser Nacht hatte ich einen Traum, der sich so echt anfühlte. Darin ritt ich mit meinem Indianerfreund aus der geistigen Welt durch die Prärie und wir setzten uns ans Ufer eines Flusses. Seine Botschaft an mich war: *«Alles, was du erlebst, erlebst du im Jetzt. Das kollektive Wissen ist nicht auf einem Zeitstrahl vorhanden, sondern in gesamter Form. Es gibt keine Worte im irdischen Wörterbuch, um das alles zu beschreiben. Vertraue darauf, so wie du dir dieses Moments im Traum bewusst bist.* **Es gibt kein hier und dort, es ist alles Einheit.** *Im Wachzustand erinnerst du dich an Fragmente des Ganzen und versuchst, die wenigen Puzzlestücke zu einem Bild zusammenzutragen. Erinnere dich an die Einheit und das gesamte Bild wird fassbar.»*

Ich kann dir versichern, unsere Lieben sind nicht gestorben, sie haben nur aufgehört, sterblich zu sein.

KAPITEL 9

Jenseitskontakte

Warum ist die Kommunikation mit Verstorbenen wichtig?

Hast du auch schon mal zu jemandem, der dir nahesteht, gesagt: «*Ruf mich an, wenn du angekommen bist!*»? Wir tun dies meist, wenn sich jemand auf eine Reise begibt und sich zu anderen Ufern aufmacht. Wir wollen sicher sein, dass es ihm gut geht. Wenn wir das wissen, können wir entspannen. Vielleicht vermisst man die Person und freut sich über ein Zeichen.

Genau dieses Bedürfnis haben auch die Menschen, die in die geistige Welt hinübergehen. Dort angekommen, wollen sie uns Bescheid geben, können das aber mit ihrem Körper nicht mehr. Manchmal versuchen sie das in unseren Träumen, was viele Leute auch berichten. «*Ich habe bei seinem Tod von ihm geträumt, als ob er sich bei mir verabschieden wollte. War er wirklich da in dieser Nacht?*» Oder hast du auch schon mal das Gefühl gehabt, ein «Zeichen» zu erhalten?

Wohin gehen wir, wenn wir gehen? Wenn man stirbt, legt man das irdische Kleid (Körper) ab und die Seele geht in die geistige Welt, zur göttlichen Quelle. In den westlichen Ländern ist es immer noch ein Tabu, über den Tod zu sprechen, obwohl wir alle täglich mit ihm konfrontiert werden, ihn an anderen Menschen miterleben. In früheren Kulturen – wie bei den antiken Griechen, Ägyptern, Sumerern, Kelten, Tibetern, Indern, Chinesen u. a. – gehörte der Tod zum Leben dazu und wurde in bedeutenden Ritualen miteinbezogen: Totenbücher, schamanische Jenseitsreisen sowie der Glaube an die Wiedergeburt. Menschen sollten verstehen, dass der Tod nur den physischen Körper betrifft, die Seele jedoch weiterlebt. Der Übergang am Ende des irdischen Lebens war und ist wichtig, ebenso die Trauerarbeit. Ein seriös arbeitendes Medium kann diese Verbindung zwischen den beiden Welten herstellen. Solche Momente sind für Klienten, die geistige Welt und für mich immer ein unvergessliches und beeindruckendes Erlebnis. Dabei fließt viel Liebesenergie durch, was als heilend erlebt wird.

Die Geschichte meiner Klientin Maggie hat mich zutiefst berührt, wie auch viele andere Jenseitskontakte es immer wieder tun. Sie verbildlicht, wie unsere Lieben in der geistigen Welt weiterleben und sie uns wie zu Lebzeiten dabei unterstützen wollen, unsere inneren Kräfte zu mobilisieren. Sie zeigt auch auf, wie Heilung durch Loslassen entstehen kann und wie wichtig es nach dem Tod eines geliebten Menschen ist, den inneren Fokus für das Weiterleben neu auszurichten.

Als Maggie in meine Praxis kam, nahm ich große Trauer und Unsicherheit war. Ich begann den Jenseitskontakt herzustellen und spürte gleich die Präsenz von zwei Männern, so bat ich den ersten Spirit, mit mir zu kommunizieren und den zweiten, sich noch etwas zu gedulden. Seine Energie fühlte sich sehr lebendig und entschlossen an. Er erzählte mir, er freue sich sehr auf unseren Kontakt. Er war um die 45 Jahre alt, als er verstarb, und ich fühlte, dass es ein schneller, selbstverschuldeter Tod war, der sehr viel Leiden auslöste. Er erzählte mir, er wollte in die Schweiz kommen, um mit Maggie zu leben. Er fühlte sich jedoch seiner Mutter verpflichtet, weiter in ihrem Haus in Portugal zu leben. Das zerriss ihn innerlich, er konnte nicht gehen. Er litt unter Depressionen und ich nahm wahr, dass ihn diese seit mehreren Jahren seines Lebens begleitet hatten und er von seiner Mutter nicht wegkam. Es handelte sich sichtlich um eine obsessive Beziehung und um viel Manipulation seitens seiner Mutter.

In einer Kurzschlussreaktion nahm er sich das Leben. Ich fühlte seine Verzweiflung zu diesem Zeitpunkt seines Lebens und dass er durch Alkohol oder Medikamente, oder beides, benebelt war. Ich fühlte aber auch die große Verzweiflung meiner Klientin, die voller Schuldgefühle und Trauer vor mir saß. «*Sag ihr, es ist alles gut, wie es ist, und dass sie keine Schuld an meinem Tod trägt. Es hätte mit uns beiden leider nicht funktionieren können und ich hätte ihr zu viele Probleme bereitet. Es tut mir sehr leid, dass ich nicht stärker war und meine Vergangenheit nicht hinter mir lassen konnte. Meine Liebe zu ihr war und ist echt. Sag ihr, sie war mein einziger Lichtblick in dieser Zeit. Aber ich wusste, ich hätte sie in meine Probleme hineingezogen und das wollte ich nicht.*» Er würde sie immer lieben, aber jetzt sei es wichtig, dass sie in ihre Zukunft schaue und weiterlebe. Sie habe sich etwas aufgebaut und daran solle sie wieder fest glauben. Ich nahm wahr, dass Maggie einen verantwortungsvollen Job hat und viel Geld dafür investiert hat. Ihr Freund fühlte sich sehr entschlossen an, als ob er ihr die Kraft geben wollte, an sich zu glauben.

Maggie erzählte mir danach von seiner Alkoholsucht. Aber sie sagte, sie hätte ihm helfen können und durch ihre Liebe hätten sie es schaffen können. Das war ihr größter Wunsch. Aber war er auch realistisch? Hätte er durch seine Probleme ihr Leben und ihr eigenes Geschäft negativ beeinflusst? Jedenfalls half es Maggie, das «Big Picture», das große Ganze zu erkennen. Sie hatte die tiefen Konflikte und die große Abhängigkeit oft ausgeblendet, die er und seine Mutter hatten. Sie verstand mit diesem Reading, dass er jetzt frei ist und weiterlebt. Er hat alles hinter sich gelassen und sich befreit. Sie fühlte Geborgenheit dadurch, dass er sie ermutigen wollte und vor allem, dass er sie immer noch liebte und sie als eine wundervolle Frau wahrnahm. Das gab ihr Trost.

Nach diesem wundervollen und für beide Seiten sehr heilenden Kontakt bat ich den zweiten Spirit, näherzukommen und mit mir zu kommunizieren. Ich fühlte gleich eine liebevolle, väterliche Präsenz und er bestätigte mir, dass er ihr Vater sei. Ich beschrieb Maggie sein Wesen und erzählte ihr von gemeinsamen Erinnerungen. Auch seine Botschaft war für sie sehr heilend, zumal sie immer sehr genau auf ihren Vater hörte und er eine starke Stütze in ihrem Leben war. Er erinnerte sie an ihre innere Stärke, die starke Frau, die sie sei und dass es an der Zeit sei, diese starke Frau wieder mehr zu leben. Er sei sehr stolz auf sie. Sie habe sich etwas aufgebaut und solle das nun pflegen. Als Beispiel, wie wichtig es ihm war, etwas mit Verantwortung zu pflegen, zeigte er mir seinen großen Garten, der gedieh und die ganze Familie das ganze Jahr hindurch bereichert hatte. Darauf war er sehr stolz und Maggie begann bei dieser Erinnerung zu weinen. «*Ja, er war immer sehr stolz auf seinen grünen Daumen und er liebte seinen kleinen Zaubergarten, wie er ihn nannte. Ich genoss es, mit ihm im Garten zu sein. Das gab mir immer das Gefühl, etwas Sinnvolles zu machen.*» Sie erkannte die sinnvolle Arbeit, die sie mit ihrem Kosmetikstudio aufgebaut hatte und realisierte, dass sie bei all dem Schmerz über ihren Freund vernachlässigt hatte, es zu pflegen. Darauf möchte sie sich jetzt wieder mehr konzentrieren. Sie sagte, diese Erkenntnis habe sie so tief berührt, dass sie jetzt bereit sei, vorwärts zu schauen.

Diese beiden Männer waren in ihrem Leben sehr wichtig und gaben ihr die Kraft, weiterzumachen. Sie konnte den Suizid ihres geliebten Freundes mit Liebe gehen lassen und dadurch ihren Gefühlen Heilung erlauben. Sie konnte sich von Selbstzweifeln befreien. Ich besuchte sie eine Woche später in ihrem Geschäft und freute mich sehr. Sie war wieder in ihrem Element und in ihrer persönlichen Stärke – und das strahlte sie auch aus. Heilung kann durch Loslassen von Emotionen geschehen. Ein Jenseitskontakt hat eine transformative Energie. Durch Erkenntnis entsteht Verständnis und Heilung kann fließen. Genau das ist Maggie gelungen und ich bewundere, dass und wie sie es geschafft hat.

Jenseits – das volle Leben in der geistigen Welt

*«Was man tief in seinem Herzen besitzt,
kann man nicht durch den Tod verlieren.»*
Johann Wolfgang von Goethe (1749-1832).

Was kommt nach dem Tod? Der Tod ist nur ein Übergang in die geistige Welt, aus der wir gekommen sind. Wir gehen sozusagen heim. Die Jenseitskontakte, die ein Medium herstellt, beweisen, dass unsere Liebsten in der geistigen Welt weiter existieren und sogar an unserem Leben weiter teilnehmen, denn sie beschreiben Events, die nach ihrem Tod geschahen. Zum Beispiel hat mir eine vor über zehn Jahren verstorbene Mutter erzählt, dass sie den kürzlichen Geburtstag ihrer Enkeltochter, die drei Jahre alt wurde, miterlebte und sie beschrieb mir Einzelheiten davon. Mein Klient Oliver, der ihr Sohn war, hatte mit diesem Statement den Beweis, dass seine Mutter noch lebte. Woher sollte ich das auch sonst wissen? Die Spirits in der geistigen Welt sind noch viel lebendiger, als wir, die wir hier im Diesseits sind. Sie haben keine irdischen Herausforderungen. Sie nutzen ihr ganzes Potenzial, weil sie reines Bewusstsein sind und keinen limitierenden Verstand haben. Ist das nicht fantastisch? Wenn wir also um jemanden trauern, sind wir traurig, weil wir diesen Menschen nicht mehr um uns haben. Wir vermissen ihn. Ihm geht es in der geistigen Welt ausgezeichnet. Das ist ein schöner Beweis für das Leben nach dem Tod. In den Readings beschreiben die Verstorbenen oft Erlebnisse, Situationen und Dinge aus dem Leben des Klienten, die nach deren Sterben passiert sind. So beweisen sie auch, dass sie immer noch am Leben ihrer Lieben teilnehmen und irdische Ereignisse mitverfolgen können. **Das Leben ist unendlich. Geburt und Tod sind Übergänge.**

Spiritualismus lehrt uns, dass es keinen Tod gibt. Auch ist die geistige Welt keine Schattenwelt. Sie ist in Wirklichkeit eine noch realere Welt als die unsere. Die geistige Welt ist auch kein Ort oder Destination, sondern ein Bewusstseinszustand. Die Spirits sind somit um uns und nehmen Teil an den irdischen Geschehnissen. Sie inspirieren uns, aber sie mischen sich weder ein, noch übernehmen sie für uns die Handlungen. Wenn ich einen Jenseitskontakt herstelle, spüre ich ihr Wesen, ihren Charakter, ihr Temperament, so, als ob sie neben mir stünden, und ich spüre sie in mir. Es ist, als ob ich sie in diesem Moment wäre. Ich nehme sie über meine medialen Sinne wahr.

Ich kann dir versichern: Unsere Lieben sind nicht gestorben, sie haben nur aufgehört, sterblich zu sein. Bei Sitzungen mit meinen Klienten nehme ich bisweilen an großen Familientreffen teil, was mich immer sehr berührt. So wie in jeder Familie gibt es Geschichten, Schicksale und Enttäuschungen, die zum Ausdruck kommen. Ich habe noch nie einen Verstorbenen getroffen, der negativ (wütend, verärgert, böse) war. Umgekehrt aber kam es vor, dass Klienten den Kontakt beispielsweise zum Vater, der sie nicht gut behandelte, nicht annehmen und seine Entschuldigung nicht hören wollten. Das berührt mich immer sehr, weil ich weiß, dass die Spirits nur Frieden mit der Vergangenheit schließen möchten. So kann mein Klient auch seine Verbitterung überwinden und Heilung kann auf beiden Seiten stattfinden. Diese Erleichterung ist in der Aura meines Klienten sichtbar, in seinen wieder entspannten Gesichtszügen und klaren Augen. Dann ist meine Arbeit getan und ich freue mich für beide Parteien. In solchen Sitzungen benötigt es viel Einfühlungsvermögen, Respekt und Akzeptanz, denn ich bin nur der Überbringer der Nachrichten, nicht der Richter.

In der göttlichen Dimension gibt es auch keine Hölle oder Geister, die uns Böses wollen. Es herrscht dort auch keine Dualität, nur Liebe und Licht. Spukgeister oder Poltergeister sind von Mensch gemacht. Es sind nicht die Toten, die dich verletzen können, nur die Lebenden.

Aber zurück zum Verständnis über die geistige Welt: In allem Leben existiert Evolution. Ich stelle mir vor, was so hochentwickelte Menschen wie Platon, Sokrates, Da Vinci oder Shakespeare, um nur einige zu nennen, wohl jetzt gerade tun? Wie führen sie ihr Werk in der geistigen Welt weiter? Was tun sie für unsere Welt? All diese Fragen stelle ich ihnen, wenn ich mit ihnen zusammensitze und sie lehren mich, wie es in der geistigen Welt ist, was man dort tut. Der Austausch ist grenzenlos und bereichert mich enorm. Die Vorstellungskraft des menschlichen Verstandes ist zu begrenzt, um all dies erfassen und verstehen zu können. Er kann diese mehrdimensionalen Möglichkeiten nicht verstehen, weshalb er sie ausblendet oder sogar deren Existenz verleugnet. Der Mensch kann manchmal ignorant sein. Aber da ist noch so viel mehr, als wir uns vorstellen können.

Abschied nehmen an Beerdigungen

«Ich bin von euch gegangen, nur für einen Augenblick und gar nicht weit. Wenn ihr dahin kommt, wohin ich gegangen bin, werdet ihr euch fragen, warum ihr geweint habt.»
Antoine de Saint-Exupéry (1900–1944)

Als meine Mutter vor 15 Jahren starb und wir ihren Körper beerdigten, stand sie neben mir. Alle Anwesenden standen ums Grab mit Blick auf den Sarg, unser Pfarrer führte eine wertschätzende Zeremonie durch und alle verabschiedeten sich von ihr. Auch wenn ich sie so sehr vermisste, war ich ihr sehr nahe, spürte ihre Präsenz wie zu Lebzeiten. Sie erzählte mir, dass sie die Rede des Pfarrers sehr berührte, auch dass so viele Menschen an ihren Abschied kamen. Wir sollen nicht weinen, sie lebe. Ich dachte, wenn die Menschen wüssten, dass sie an dieser Zeremonie bei uns war, hätten sie inneren Frieden finden können, statt dieser tiefen Trauer, die an Beerdigungen spürbar ist. Jeder leidet für sich. Dadurch fühlen wir uns allein, abgetrennt vom Ganzen. Wenn Menschen wüssten, dass die Verstorbenen weiterleben, wir immer noch mit ihnen verbunden sind und es bleiben werden, würde es vielen Menschen helfen, anders mit dem Tod und dem Abschied eines lieben Menschen umzugehen. **Spiritualismus ist keine Religion, sondern Religion per se.** Mit dem Verständnis, dass es keinen Tod gibt, würde der Übergang in Zeremonien anders gefeiert, andere Worte benutzt. Das Wissen über das Leben und das Leben danach würde vielen Trost spenden und ihnen die Möglichkeit geben, weiter mit ihren Lieben zu kommunizieren. Sobald wir an unsere Lieben denken und innerlich mit ihnen reden, hören sie uns. Wenn du deinen Lieben in der geistigen Welt etwas sagen möchtest, setze deine Intention zu ihnen, verbinde dich im Herzen mit ihnen und lass deine Gedanken zu ihnen fließen. Sei versichert, dass sie dich hören können, auch wenn du ihre Antwort nicht hören kannst.

Menschen fürchten den Tod wie nichts anderes. Er wird als Feind gesehen, der alles beendet. Bis zu unserem Tod. Dann ändern wir unsere Meinung, wenn wir erfahren, wie es sich anfühlt, das Erdenkleid zwar abgelegt zu haben, aber weiterzuleben. Beim Übergang entdecken wir, dass sich der Seele eine Tür zu unsterblichem Leben öffnet. Ich finde, Beerdigungszeremonien sollten diesem Wissen Platz schenken. Denn die Wirklichkeit ist doch so viel schöner und weniger schmerzhaft.

Trauerrede

Paul, ein warmherziger Klient, den ich in den letzten Wochen seiner irdischen Reise begleiten durfte, bat mich, eine Rede für seine Beerdigung zu schreiben. Er hatte Krebs im Endstadium und war bereit, zu gehen. Er fürchtete den Tod nicht, hingegen die Schmerzen, die er hinterlassen würde, schon.

Ich besuchte ihn viermal und konnte ihm ein gutes Verständnis für den Übergang in die geistige Welt geben. Mit meinen Readings erhielten wir Botschaften von seinen Liebsten aus der geistigen Welt, die ihm die bevorstehende Reise erleichterten. Er war zuversichtlich und fühlte sich geborgen. Er war bereit. Auch wenn sein Körper bei jedem Besuch schwächer wurde, schaute er mich immer mit seinen glänzenden Augen an, erfreut, mich zu sehen. Unsere Gespräche über Gott und das Leben taten ihm gut und wir lachten auch zwischendurch. Er war ein liebenswerter Mann, den die Kräfte allmählich verließen, aber nicht die Scheinkraft seines Spirits. So schrieb ich seine Rede, die all dies einfangen und dabei seine Persönlichkeit widerspiegeln sollte.

> Meine Lieben, ich gehe dann mal heim.
> Wunderschön bereichernd war es mit euch.
> Danke, wart ihr Teil meines irdischen Lebens.
> Viel Gutes haben wir erlebt zusammen.
> Dankbar nehme ich alle Erinnerungen in meinem Herzen mit.
>
> Zeit, Lebewohl zu sagen,
> wissend, dass wir uns wiedersehen,
> im unendlichen Reich der Liebe Gottes,
> wo wir eins sind und einander wiedererkennen.
>
> Bitte trauert nicht um mich.
> Viel wichtiger ist es, nach vorn zu schauen.
> Dankbar dafür, dass sich unsere Wege kreuzten.
> Erfreut euch an den wunderschönen und unvergesslichen Momenten,
> die wir miteinander erleben durften,
> denn die zählen jetzt für mich doppelt.
> Sie bleiben in unseren Herzen haften. Ewig.

Ich lege nur mein Erdenkleid ab und trage mein ätherisches
Kleid in aller Ewigkeit.
Erfreut euch mit mir, mich befreit zu haben.
Haltet mich in freudiger Erinnerung,
denn ich höre nicht auf, zu existieren.

In großer Verbundenheit sage ich:
«Tschüss, bis später, lebt wohl und auf Wiedersehen.»
Mit diesen letzten Worten versichere ich euch heute,
dass mein Licht nicht aufgehört hat, zu scheinen.
Ich trage euch alle in meinem Herzen. Für immer.

In ewiger Liebe, euer Paul

Abschied nehmen am Sterbebett

Meine Klientin Tina suchte mich auf, weil ihr Vater schwer krank war. Sie wollte ihm auf seinem letzten Lebensabschnitt helfen und hatte die Hoffnung, dass er sich wieder erholen würde. Im Reading sah ich, dass ihr Vater im Sterben lag. Seine Familie und er verhielten sich so, als würde er bald wieder gesund werden. Sie wollten es nicht wahrhaben und überspielten die Situation. Aber es war leider nicht so. Er würde bald gehen, das spürte ich. Ich wünschte, es wäre anders. Aber sein Lebensfeuer erlosch allmählich, obwohl er unbedingt weiterleben wollte. Ich sagte Tina, sein Verstand wolle bleiben, seine Seele aber ist bereit, zu gehen. Ich teilte ihr meine Wahrnehmungen mit. Darauf bestätigte sie mir, er habe die letzten zwei Tage fast nichts mehr gegessen, was für mich auch eine Bestätigung war, dass seine Seele bereit war, zu gehen. Das Beste wäre jetzt, sagte ich ihr, bewusst Abschied zu nehmen, das heißt, ihre Dankbarkeit für das gemeinsam erlebte Leben auszudrücken, Erinnerungen von früher zu erzählen und sich an wertvollen Erlebnissen wieder zu erfreuen. Man sollte Sterbende wertschätzend begleiten und ihnen die Angst vor dem Sterben nehmen. Ich erzählte Tina, wie seine weitere Reise erfolgen würde. Dass er keine Angst vor dem Übergang haben sollte. Dass er nur seinen Körper ablege und weiterlebe. Dass er beim Übergang von lieben Verwandten abgeholt werden würde, die bereits in der geistigen Welt sind. Er sei nicht allein.

Wäre es nicht heilend, das alles zu erfahren, diesen Worten Raum zu geben, wenn jemand im Sterbebett liegt? Stattdessen passiert es oft, dass man nicht darüber redet. Es wäre ja respektlos dem Sterbenden gegenüber, über seinen Tod zu reden. Stattdessen versuchen wir die Tränen zu verbergen, der Schmerz ist zu groß. Wir behandeln sie wie die Musiker auf der Titanik. Auch wenn das Schiff am Untergehen ist, überall Wasser hineinfliesst, spielen sie weiter Musik und täuschen gute Stimmung vor, wollen ablenken vom bevorstehenden Unaufhaltsamen. Das Paradoxe ist: Wenn die Menschen dann sterben, verfallen die Hinterbliebenen in ein Loch von Trauer und langsam kommt das Bedauern, die letzten Tage und Stunden nicht mit wertvollem Herzaustausch verbracht zu haben. Dann ist es aber zu spät. Und man macht sich über viele Jahre ein schlechtes Gewissen, geht hart mit sich ins Gericht, was den Trauerprozess noch schmerzhafter in die Länge zieht. Das wollte ich Tina ersparen. Am Schluss des Readings sagte sie mir, sie werde einen Weg finden und ihm das alles erzählen, auch wenn er Atheist sei und an nichts glaube. Zwei Tage danach rief Tina mich an und sagte mir, dass ihr Vater letzte Nacht gestorben sei. Gleich nach unserem Reading fuhr sie zu ihm und bereitete ihn auf seine bevorstehende Reise vor, dankte ihm für alle gemeinsamen Erlebnisse. Ihre Mutter und ihr Bruder waren auch dabei. Sie alle erlebten einen wertvollen und tief berührenden Austausch, der für alle sehr heilend und versöhnlich war. Auch wenn es innerlich sehr schmerzte, redeten sie offen darüber. Tina war überrascht, wie interessiert ihr Vater ihr zuhörte, war er doch Atheist. Aber seine Seele wusste in diesem Moment mehr, als sein Verstand zuließ. Das half ihm, loszulassen und seinen Frieden zu finden. Tina war sehr dankbar dafür, diese einmalige Chance genutzt zu haben, und konnte ebenfalls Frieden finden.

«Du kannst nicht jedem alles erzählen», sagte Sokrates. Damit meinte er, nicht jeder verstehe die von höherem Bewusstsein vermittelten Worte, da jeder an einem anderen Punkt seines Lebens stehe. Zum Beispiel verstehen zwei Menschen, die in einem Vortrag die gleichen Worte hören, nicht dasselbe, sondern nur Fragmente davon und der Rest wird von ihrem bestehenden Wissen aus interpretiert. Selektive Wahrnehmung. Jeder Mensch macht seine individuelle Reise, wurde von verschiedenen Glaubenssystemen geprägt, machte verschiedene Erfahrungen im Leben, erlebte unterschiedliche Schulung und das alles formt seine gesamte Einstellung. Wie kann man von einer Realität sprechen, wenn sie durch den individuellen Filter so vielseitig verändert wird? Wie kann jemand, der den Glauben an sich und andere verloren hat, jemals wieder Vertrauen aufbauen? Das ist möglich, indem er sich mit seinem höheren Selbst verbindet und die Situation in einem größeren Ganzen zu verstehen versucht. Dafür braucht es Offenheit für einen Dialog mit der inneren Stimme, die der Zugang zum inneren Göttlichen ist. Es braucht Geduld und Ausdauer, um die Fragmente in Ruhe zu betrachten und nicht voreilig zu werten. Es braucht Selbstliebe, um nicht sich oder andere zu verurteilen und um zielführende Lösungen zu erkennen.

Spirit-Porträts

Wenn ich einen Jenseitskontakt herstelle, sehe ich die Person, wie sie zu Lebzeiten ausgesehen hat. Seit Kurzem habe ich begonnen, sie zu zeichnen und so die Essenz ihres Wesens auf Papier zu bringen. Die Porträts können meine Klienten nach dem Treffen mit ihren Liebsten als Andenken an diesen unvergesslichen Moment mitnehmen. Ich übe mich noch darin und habe einfach Spaß daran.

Hier fällt mir die Geschichte meiner Klientin Christina ein: Nachdem ich den Kontakt mit der geistigen Welt hergestellt hatte, nahm ich den Spirit einer Dame wahr und ein herzliches Lächeln strahlte über ihr ganzes Gesicht. Ich spürte: Sie waren verwandt. Ich begann sie zu zeichnen und bat sie, mir mehr über sich zu erzählen. So erfuhr ich, dass sie Christinas Großmutter war. Sie zeigte und erzählte mir Erinnerungen aus ihrem Leben, die mit Christina zusammenhingen. Sie hatte ein gepflegtes und elegantes Äußeres, eine liebevolle Ausstrahlung und ein starkes Temperament. Mit ihrem Mann hat sie sechs Kinder aufgezogen und war sehr engagiert, auch in der Kirche. Ihr großer Garten beschenkte sie mit Gemüse und Früchten, die sie verarbeitete und einkochte. Ihre Konfitüre war einzigartig. Sie war sehr stolz darauf, denn ihre Familie hatte dadurch auch im Winter eine große Auswahl an Essen. Auch beschenkte sie gerne ihre Nachbarn. Sie war eine feine Dame mit einem großen Herzen und einer Frauenpower, die mir sehr gefiel. Beim Zeichnen ihres Porträts fiel mir auf, dass sie viel zu jung für eine Großmutter aussah. Sie sagte mir: «*So sah ich in meinen jüngeren Jahren aus, so um die 35 Jahre.*» Ich fragte mich, ob meine Klientin Christina (ihre Enkelin) sie darauf erkennen würde, zumal sie sie damals noch nicht kannte. Ich zeichnete fertig und hörte ihr zu. Als ich das Porträt fertig hatte, fragte ich sie, ob ich sie nochmals zeichnen dürfte – dieses Mal in ihren späteren Jahren. So entstand das zweite Porträt.

Es hatte Gründe, warum sie sich beim ersten Porträt jünger zeigte: Christina sah ihr sehr ähnlich und war im ähnlichen Alter wie damals ihre Grossmutter. Eine der Botschaften, die ihr ihre Grossmutter übermittelte, war, dass sie sich sehr ähnlich sind, nicht nur äußerlich, sondern auch vom Charakter her und dass sie sie von der geistigen Welt aus begleite. Sie wies sie auf ihre Stärken hin und diese waren in der aktuellen Lebenssituation meiner Klientin sehr wichtig. Die Botschaften der Grossmutter waren bestärkend und halfen Christina in der Verarbeitung ihrer aktuellen Scheidung. Sie hatte diesbezüglich viele Selbstzweifel und konnte diese mit der Botschaft ihrer Großmutter besser auflösen. Christina erzählte mir, wie sehr sie ihre Großmutter bewunderte und die Erkenntnis, dass sie sehr ähnlich sind, hat sie in ihrem Wesen bestärkt.

Nach dem Reading schickte mir Christina Fotos ihrer Großmutter, die ich mit ihrer Erlaubnis hier abbilden darf. Ich danke ihr herzlich dafür, ihre Geschichte mit euch allen teilen zu dürfen.

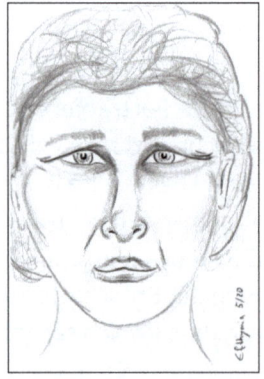

«Spirit-Porträts – im jungen und älteren Alter»

Medium zu sein ist kein Job, es ist eine Berufung

Ein gutes Medium ist nicht nur ein Kommunikationskanal, der die Botschaften der geistigen Welt übermittelt, sondern in seiner inneren Haltung lebt das empathische Medium höchste ethische Werte. Das ist mit viel Arbeit an der persönlichen Selbstentwicklung verbunden. Es braucht Lebenserfahrung und ein uneingeschränktes Engagement, der geistigen Welt zu dienen und für sie da zu sein.

Heutzutage erfahren Spiritualität und Medialität einen Hype, was ich sehr bedauere. Beim Hype wird ein Trend rasch durchgenommen, an der Oberfläche gekratzt, mit dem Ziel, das eigene Ego zu boosten. Es ist etwas Besonderes und alle wollen dabei sein. Von diesem Mainstream halte ich überhaupt nichts. Die Materie wird nicht tiefgründig behandelt, irreführende Anleitungen kommen ins Spiel. Der Markt ist voll davon und Kritiker werfen alles in den esoterischen Topf. Medium ist auch keine Job-Option, wenn sich jemand in seinem aktuellen Job unzufrieden fühlt oder arbeitslos geworden ist oder einfach mal etwas anderes arbeiten möchte. Man kann kein Medium werden, sondern ist es von Natur aus. Es bedarf, darüber hinaus etwa zehn Jahre persönliche Praxis, um sich darin zu schulen, nicht nur die geistige Welt kennenzulernen und mit ihr zu kommunizieren, sondern auch Menschen in ihren tiefengreifenden Lebenssituation kompetent und empathisch zu beraten. Die geistige Welt und die hilfesuchenden Menschen auf dieser irdischen Reise verdienen das Beste. Das heißt für das geschulte Medium: viel Zeit, Arbeit an sich, Disziplin und grenzenlose Hingabe, beiden Welten dienen zu wollen. Es sollte an seinen eigenen Themen gearbeitet haben und großen, inneren Frieden erlangt haben. Es braucht die Fähigkeit, sein eigenes Handeln zu reflektieren und die Herausforderungen im Leben im Guten zu bewältigen. Außerdem muss es dabei bodenständig bleiben, denn wir leben in dieser Welt und müssen uns den irdischen Aufgaben widmen. Wenn du ein Medium aufsuchst, empfehle ich dir, auf diese Werte zu achten.

Meine Hellsichtigkeit ist für mich eine Gabe, die ich sorgfältig behüte und pflege. Es ist eine Fähigkeit, die ich seit Kind beachtet und weiterentwickelt habe. Ich habe meine Medialität und Sensitivität auf natürliche Weise in mein Leben eingebunden. Ich war immer vorsichtig, mit anderen Menschen darüber zu reden. Ich hatte Angst, verletzt, ausgelacht, ausgegrenzt zu werden – was mir doch einige Male passiert ist. Ich verstand nicht, warum Menschen gegenüber Themen wie Tod und Parapsychologie so verschlossen waren. Heute weiß ich: Sie hatten Angst. Für meine persönliche Entwicklung war es gesund, meine Wahrnehmungen für mich zu behalten. Das bedeutete, dass ich mich als Teenager oft allein fühlte. Es war bis zu meinem 35. Lebensjahr mein Geheimnis, das nur wenige Menschen kannten. Geoutet habe ich mich erst, als meine Mutter starb und auch dann nur ausgewählten Menschen gegenüber. Es ist für mich immer noch etwas Heiliges, das ich in mir trage und wofür ich unbeschreiblich dankbar bin. Aber ich hausiere damit nicht herum. Ich habe auch kein Bedürfnis, jemanden zu überzeugen. Ich bin sehr bodenständig, lebe und liebe das irdische Leben ebenso, aber ich freue mich auch auf alles, was danach kommt. Denn nur so kann ich die irdischen Probleme meiner Klienten in ihrer ganzen Tiefe verstehen, sie dort abholen, wo sie stehen, und ihnen wirkungsvoll helfen. Zusammenfassend kann ich mein Wirken als Medium so beschreiben: von Spirit, durch Spirit, zu Spirit.

Was passiert, wenn sich jemand das Leben nimmt?

Diese Frage wird mir oft gestellt und ich möchte sie hier klären, weil in vielen Religionen ein falsches Bild vermittelt wird.

Daher gleich zu Beginn: Es gibt kein Fegefeuer. Auch diese Seelen kommen zu keinem anderen als zu dem Ort, wo wir alle hingehen: zu Gott. Da wir alle den freien Willen haben, haben wir auch den freien Willen, unser Leben zu beenden. In meinen Jenseitskontakten habe ich von Menschen direkt erfahren, was mit ihnen passierte, nachdem sie sich das Leben genommen hatten. Ich konnte mit ihnen gleich kommunizieren wie mit anderen. Sie sind also in der geistigen Welt und nicht anderswo. Sie erzählten mir meist, dass sie in ihrem irdischen Leben nie Zufriedenheit fanden und sie sich entschlossen, es zu beenden. Da war zum Beispiel dieser junge Mann, der sein Leben mit 22 Jahren beendete und diese Handlung auf der anderen Seite nicht bereute. Er konnte in der geistigen Welt weiterleben und die Erfahrung des Todes war für ihn hilfreich, um sich dort weiterzuentwickeln. Er habe nichts verpasst, weil er ja weiterlebe. Das sind immer wunderschöne Jenseitskontakte, da auf beiden Seiten sehr viel Heilung fließen kann. Die Hinterbliebene verstehen, dass es nicht ihre Schuld war und sie nichts hätten tun können, um dies zu verhindern. Es war eine persönliche Entscheidung. Im Trauerprozess ist so eine Erklärung sehr heilend, auch wenn sie den Hinterbliebenen nicht den ganzen Schmerz nehmen kann. Manchmal ist es schwer, Handlungen zu akzeptieren, wenn wir sie nicht selbst erlebt haben.

Nahtoderlebnisse

Wissenschaftliche Beweise und Erlebnisse des Lebens nach dem Tod und Studien zu Nahtoderfahrungen (NTE) gibt es viele. Auch die Sterbeforscherin Elisabeth Kübler-Ross und der Amerikaner Raymond Moody haben in ihren Büchern viele Beweise dafür geliefert. Studien und wissenschaftliche Erkenntnisse zeigen eindeutig auf, dass das Bewusstsein unzerstörbar ist und nach dem physischen Tod weiterexistiert.

«Der Tod ist nur das Umziehen in ein schöneres Haus.»
Elisabeth Kübler-Ross

Nahtoderlebnis des renommierten Neurochirurgen und Harvard-Dozenten Dr. med. Eben Alexander

Dass NTE kein Hirngespinst ist, beweist auf revolutionäre Weise Dr. Eben Alexander, der vor seinem Erlebnis nicht an NTE glaubte und wie seine Ärztekollegen stattdessen überzeugt war, dass das Gehirn diese Erlebnisse zufällig produziert. Mit 54 Jahren erkrankte er an einer extrem seltenen Form der Hirnhautentzündung. Er fiel ins Koma. Die Ärzte stellten fest, dass sein Gehirn irreparabel beschädigt war und prognostizieren sein baldiges Ende. Doch Eben Alexander kehrte ins Leben zurück – und gesundete innert kurzer Zeit. Minutiös berichtet der Gehirnforscher in seinem Buch *«Blick in die Ewigkeit: Die faszinierende Nahtoderfahrung eines Neurochirurgen»*, was er während des Komas durchlebte: Begleitet von einem Engelwesen tauchte er ein in eine Welt ohne Zeit und Raum, in der sich ihm die göttliche Quelle allen Seins offenbarte. Dort erfuhr er: Wir alle sind Teil eines universalen, unsterblichen Bewusstseins.

Menschen, die NTE hatten, berichten oft von einer Art «Panoramaschau», bei der sozusagen das gesamte eigene Leben an einem vorbeizieht. Es ist offensichtlich, dass alle Erlebnisse in den höher schwingenden, feinstofflichen Aurabereichen aufgezeichnet sind. Dieses «Gefäss» nennt sich Akasha-Chronik, Quantenfeld, morphogenetisches Feld oder göttliches Bewusstsein. Es hat viele Namen. Bei einer Panoramaschau wird der Lernprozess in einer höheren Schwingungsebene erfahren. Raum und Zeit verschwinden, es wird als zeitlos empfunden. Nach einem NTE sind Menschen oft verändert respektive sehen klarer und leben ihr Leben anders. Es ist für diese

Menschen eine Herausforderung, das tief greifende Erlebnis zu verarbeiten, weshalb es wichtig für sie ist, darüber zu reden – mit vertrauensvollen Freunden, Familie oder einem Medium, das sie versteht.

Entdecke die leise Stimme deiner Seele und übe dich geduldig darin, ihr zuzuhören.

NACHWORT

Mögen dir meine Erzählungen in diesem Buch wertvolle, dein Leben bereichernde Erkenntnisse geschenkt haben. Möge es dir dabei helfen, dein spirituelles Potenzial zu entfalten und vertrauensvoll deinem Seelenweg zu folgen. Ich wünsche dir von Herzen ein sinnerfülltes Leben voller Lebensfreude!

Eine Herausforderung beim Schreiben dieses Buches war für mich, Dinge, die für mich so klar sind, so in Worte zu fassen, dass es meine lieben Leserinnen und Leser, die diese Materie nicht gut kennen, verstehen können. Wo muss ich dich abholen und was ist dir innerlich klar? Das ist, als sähe ich ein mehrdimensionales Bild und unendlich viele Farbenkombinationen wie in einem Kaleidoskop. Mir ist das Bild als Ganzes bewusst. Ich kann es einem Betrachter, der nur einige Fragmente des Bildes und Farben sehen und verstehen kann, aber nur in zweidimensionalen Worten vermitteln. Als Kind war mir zum Beispiel nicht bewusst, dass die anderen Kinder nicht auch telepathisch mit den Tieren sprachen. Ich fand das etwas ganz Natürliches. Als ich dann ausgelacht wurde, weil ich jemandem erzählte, was sein Hund mir gerade erzählt hatte, war das für mich verwirrend. Oft sagte man mir, ich hätte eine große Fantasie. Ich war schon als Kind sensitiv für die Welt um mich herum und obwohl ich es damals nicht verstand, habe ich mir erlaubt, mich den größten Teil meines Lebens von meiner Intuition führen zu lassen. Sie war wie ein verlässlicher Kompass, der mir half, mich zu orientieren, wenn ich mir nicht sicher war, was ich tun oder glauben sollte.

Unser Bewusstsein ist im aktuellen Moment unseres Lebens für jeden von uns verschieden ausgeprägt und jeder Mensch steht im Leben auf einer anderen Bewusstseinsebene. Deshalb können Erklärungen teilweise nicht voll verstanden, sondern nur entsprechend des eigenen Bewusstseinszustandes aufgenommen und interpretiert werden. Der Weg ist das Ziel. Die Auseinandersetzung auf dem Weg ist die Erkenntnis. Das Ziel ist das Wissen darüber. Ich finde diesen Prozess sehr inspirierend. Du auch?

Vielen Dank, dass du mein Buch gelesen hast. Ich hoffe, du hast das Buch mit ebenso viel Freude gelesen, wie mir das Schreiben bereitet hat.

Wenn dir mein Buch gefallen hat, freue ich mich, wenn du es Freunden und Familie weiterempfiehlst. Natürlich würde ich mich über eine Rezension von dir freuen, auf Google zum Beispiel oder auf www.novumverlag.com.

ÜBER DAS MEDIUM EFTHYMIA

Efthymia, mein Vorname, heißt auf Griechisch «Lebensfreude». Diese Lebensfreude möchte ich in meinem Umfeld verbreiten.

Ich bin ein nach dem englischen Spiritualismus ausgebildetes Medium und überzeuge Menschen durch die Klarheit der medialen Botschaften, meine Herzlichkeit und Authentizität. In der Zusammenarbeit mit der geistigen Welt und meinen Klienten lebe ich hohe ethische Werte und großen Respekt.

Meine langjährige Erfahrung

In den letzten 28 Jahren durfte ich mit meiner Berufung Menschen bei Herausforderungen im Diesseits und Jenseits wertvoll unterstützen. Als Medium und Coach habe ich in den letzten 13 Jahren mehrere tausend Menschen erfolgreich durch tiefgreifende Veränderungen begleitet und in meiner Praxis und in Seminaren geschult. Als Medium kann ich tiefer in die Situation meiner Klienten blicken und so den anschließenden Coachingprozess beschleunigen, was die Klienten sehr schätzen. 2016 erschien mein erstes Buch «*Ausgestresst – Pure Lebensfreude in 9 Strategien*» im novum Verlag. Ich bin Zürcherin mit griechischen Wurzeln und lebe seit Geburt (27.9.1970) in meiner Heimatstadt.

Früh begann ich verantwortungsvolle Führungsaufgaben zu übernehmen, mit 21 Jahren leitete ich in einem Finanzunternehmen ein Team von bis zu 15 Mitarbeitenden. Dabei halfen mir meine medialen Fähigkeiten, Situationen oder Menschen besser einzuschätzen und richtige Entscheidungen zu treffen. So lernte ich, meine Gabe im Alltag für mich und andere zu nutzen.

Im renommierten Arthur Findlay College (London) und im Arthur Conan Doyle Centre (Edinburgh) bildete ich mich regelmäßig weiter und genieße professionelle Medialität nach englischem Spiritualismus. Dabei sind Seriosität und Hingabe für die geistige Welt ebenso bezeichnend wie Disziplin und die Arbeit an sich. Denn nur wer mit sich selbst im Reinen ist, kann auch anderen helfen. Nach diesen Werten lebe ich. Ich bin Mitglied der Spiritualists' National Union International SNUI.

Mein Leben zwischen zwei Welten

Wenn ein nahestehender Mensch stirbt, löst das bei den Hinterbliebenen viele Fragen aus: Der Sinn des Lebens? Hätte der Tod verhindert werden können? Hätte man noch etwas tun können? Hinzu kommen Gefühle, die machtlos machen und erschüttern, uns den Boden unter den Füßen wegziehen. Wenn ein geliebter Mensch stirbt, steht die Welt für die Betroffenen still. Für lange Zeit. An diesem Punkt möchte ich helfen. Ich durchlebte diese Erfahrung selbst, als meine geliebte Mutter 2005 plötzlich starb. Das war für mich das schlimmste Ereignis in meinem bisherigen Leben. Ich kann den Betroffenen nachfühlen. Als Medium bin ich unendlich dankbar, dass ich meine Mutter weiterhin treffen kann, ebenso meinen geliebten Großvater, der mir immer eine große Stütze war und mich von der geistigen Welt aus unterstützt. Ich treffe ihn heute mehr als zu Lebzeiten, als wir uns nur während der Sommerferien sahen, weil er in Griechenland lebte. Heute sind sie beide nur einen Gedanken von mir entfernt, sie sind so nahe. Das bedeutet mir sehr viel.

Das Leben hier auf der Erde ist beschränkt. Wann unser Verfalldatum ist, wissen wir nicht. Am Ende unserer irdischen Reise wollen wir auf ein erfülltes (nicht nur gefülltes) Leben zurückblicken und wertvolle Lernerfahrungen mitnehmen – für uns und das kollektive Ganze. Mein Bestreben in meinem Leben zielt darauf ab, Menschen ihre wahre Vollkommenheit erkennen zu lassen und mit sich selbst näher in Berührung zu kommen. Tief in uns selbst erkennen wir den Sinn des Lebens und können diesem lebenswerten Weg folgen – mit mehr Lebensfreude.

Ich verbinde Spiritualität und Wissenschaft

Eine Eigenschaft, die mich auszeichnet, ist meine Faszination für das Wunder des Lebens und mein Glaube an das Potenzial des Menschen. Ich bin authentisch und bodenständig. Was ist der Sinn des Lebens? Dieser und ähnlichen Fragen ging ich schon als Kind nach, um meine Hellsichtigkeit und das «Anders-Sein» zu verstehen. Ich liebe es, den Dingen auf den Grund zu gehen, weshalb ich mich in meinem bisherigen Leben viel mit Naturwissenschaften auseinandersetzte. Neben Medialität und Spiritualismus faszinieren mich Quantenphysik, Neurowissenschaft, Biologie und Epigenetik ebenso wie Ayurveda, Schamanismus, HUNA (Hawaiianischer Schamanismus), griechische Philosophie, Alchemie und Parapsychologie. Dieses Wissen lässt mich das große Ganze besser verstehen und bereichert meine Arbeit als Medium vielseitig. Ich binde alte Weisheiten in unsere heutige, westliche Gesellschaft ein und liebe es, Wissen weiterzuvermitteln. Dabei ist es mir wichtig, dies auf authentische, erfrischende und motivierende Art zu tun, was für meine Arbeit kennzeichnend ist. Ich glaube an Gott als göttliche und intelligente Energiequelle mit Bewusstsein, bin aber nicht religiös. Der wertvolle Austausch mit meinem Spirit-Team, durch welchen ich erfahren darf, wie es auf der anderen Seite ist, fasziniert mich jedes Mal zutiefst. Ich danke der geistigen Welt für die wertvolle Zusammenarbeit, die Freundschaft und dafür, dass sie mir hilft, meinen Klienten wertvolle Unterstützung zu bieten. Das Leben in beiden Welten erfüllt mich zutiefst.

Weitere Informationen findest du hier:
www.efthymia.ch
www.stressaway.ch

Über Efthymias Logo

Ich habe mein Logo in Zusammenarbeit mit meinem Spirit-Team kreiert:

Das ägyptische **Horus-Auge** zeigt die sechs Hellsinne, mit denen ein Medium arbeitet: Hellsehen, Hellfühlen, Hellwissen, Hellhören, Hellriechen und Hellschmecken. Kommunikationsebene: feinstofflicher Körper und geistige Welt. Horus war der Welten- und Lichtgott zugleich – für das Dies- und Jenseits.

Die ägyptische Göttin **Maat** steht für das Prinzip von Gerechtigkeit, Weltordnung, Wahrheit und Recht. Sie ist die Verbindung zum Dies- und Jenseits und trägt das Ankh-Kreuz als Symbol für das Weiterleben im Jenseits und die Feder.

Das griechische Ornament «**Mäander**» symbolisiert den Fluss des Lebens und die Unsterblichkeit, die Erlangung der Ewigkeit durch Reproduktion resp. Unsterblichkeit. Es steht für die sich ewig erneuernde Energie des Kosmos. Kosmos ist das griechische Wort für Universum und gleichzeitig für Menschheit. Die ineinanderfließenden Mäander zeigen Hände, die in alle Ewigkeit miteinander verbunden sind und sich gegenseitig helfen.

Das Logo vereint die kraftvollen Symbole, die mich als Medium leiten.

Mein Angebot

1) Spirit Reading – Jenseitskontakte mit der geistigen Welt
Mit einem oder mehreren Verstorbenen Kontakt aufnehmen. In einer Sitzung, «Reading» genannt, nehme ich Kontakt mit

Verstorbenen in der geistigen Welt auf und übermittle dir Botschaften deiner Freunde und Verwandten. Dabei geben sie dir wertvolle Informationen zu deinem aktuellen Leben oder zu spezifischen Themen. Wie zu Lebzeiten wollen sie dir auch aus der geistigen Welt helfen. Eine berührende Erfahrung und ein unvergessliches Erlebnis.

Wie ich arbeite und was dich in einer Sitzung erwartet: Ich verbinde mich mit der geistigen Welt und stelle so die Verbindung zwischen Dies- und Jenseits her. Dabei arbeite ich mit meinen Hellsinnen wie Hellwissen, Hellsehen, Hellfühlen, Hellhören und Hellriechen. Das heißt, ich sehe die Menschen in der geistigen Welt und kann mich mit ihnen austauschen. Da sie keine Stimme mehr haben, verläuft die Kommunikation über meine Hellsinne. Gleichzeitig gebe ich dir diese Kommunikation als Information, Beweis und Botschaft weiter. Ich lege großen Wert darauf, dir die Person aus der geistigen Welt genau zu beschreiben, damit du klare Beweise erhältst und dir sicher bist, dass diese Seele wirklich anwesend ist.

Solche Momente sind für Klienten unbeschreiblich beeindruckend, tiefgreifend und erfüllen sie mit Liebe. Manche Klienten können die Präsenz teilweise selbst wahrnehmen. Es ist für Klienten, die geistige Welt und mich immer ein unvergessliches Erlebnis. Ich kann nicht garantieren, dass eine gewünschte Person durchkommt. Ich rufe die Verstorbenen nicht, ich lade sie ein. Die geistige Welt ist sehr intelligent und hat mehrere Möglichkeiten, ihre Botschaften an uns zu vermitteln. Für die Verwandten und Freunde in der geistigen Welt ist es eine Bereicherung und sie wissen bereits im Vorfeld, dass du zu einem Medium gehst. Diejenigen mit dem größten Bedürfnis oder den besten Möglichkeiten nehmen dann Kontakt auf und übermitteln ihre Botschaften.

2) Soul Reading – die aktuelle Lebenssituation durchleuchten
Das Soul Reading ist ein Spiritual Assessment und eignet sich, um dein persönliches Potenzial im Leben, Tendenzen nächster Schritte der beruflichen Laufbahn zu erkennen oder um eine aktuelle, schwierige Situation im Leben zu meistern. Ich lese in deinem Aurafeld sowie in der Akasha-Chronik (kollektives Bewusstsein) und erkenne dabei, worauf es gerade ankommt. Ein Soul Reading ist immer auch ein Healing, denn es berührt dich tief im Herzen. Es ermöglicht, dass Heilung in Bereichen deiner Seele stattfinden können.

Wie ich arbeite und was dich erwartet: Bei einem Soul Reading verbinde ich mich mit meinen und deinen Spirit-Guides – ich nenne sie «Spirit-Team» – und mit deinem Energiefeld (Aura). Die Verbindung ist hergestellt und du erhältst Informationen zu deinen Themen und Fragen. Manchmal zeichne ich die Informationen auf Papier. Eine Skizze mit Lösungswegen entsteht. Ein Soul Reading ist jedes Mal kreativ und sprudelt vor Informationen.

Bei den Kontakten mit der geistigen Welt muss man wissen, dass uns unsere Freunde liebevoll unterstützen, aber nie in unsere persönliche Verantwortung für unser eigenes Leben eingreifen oder sich einmischen. Wir sind durch unseren freien Willen selbstverantwortlich. Wir selbst treffen unsere Entscheidungen und gestalten unsere Zukunft, auf die wir mit unseren Handlungen Einfluss nehmen.

3) Spiritual Coaching – Persönliches Potenzial entfalten
Jeder steht auf seinem spirituellen Weg woanders. In einem Spiritual-Coaching-Programm begleite ich dich über einen Zeitraum hinweg, um Erkenntnisse zielführend in die Realität umzusetzen. Es eignet sich besonders bei persönlichen und beruflichen Herausforderungen sowie in Entwicklungsbereichen wie persönlichen Laufbahn- oder Karriereschritten. Ich verfüge über 13 Jahre Coaching-Erfahrung und verbinde im Spiritual

Coaching **Medialität und Coaching** auf einmalige Art, um für dich die bestmöglichen Ergebnisse zu erreichen. Du lernst, dich mit deinem höheren Selbst zu verbinden und deine innere Intelligenz anzuzapfen. Mit wertvoller und professioneller Begleitung trainierst du Übungen zur Stärkung deiner Intuition und Selbstwirksamkeit laufend ein. Das 4-Wochen-Programm ist ein inspirierendes, tiefgreifendes Erlebnis und führt dich zu sichtbaren Veränderungen.

novum VERLAG FÜR NEUAUTOREN

Efthymia Evi Giannakopoulos

Ausgestresst

Pure Lebensfreude in 9 Strategien

ISBN 978-3-903067-80-6
258 Seiten

Stress war gestern, hier kommt das Leben!
Dieses Buch wird dein Leben verändern. Es nimmt dich mit auf eine inspirierende Reise zu deinem «starken Ich» und zeigt dir alles, was du über Stressmanagement wissen musst. Mit vielen praktischen Tipps, wirkungsvollen Kurzübungen und lebhaften Geschichten – aus dem reichen Erfahrungsschatz von stressaway®-Expertin und Coach Evi Giannakopoulos.

Informationen zum Inhalt, Leseproben der ersten Seiten, Kurzfilm auf YouTube und Kundenrezensionen findest du unter:
https://www.stressaway.ch/Stressaway-Buch.htm

Die Autorin

Efthymia ist griechisch und bedeutet «Lebensfreude», ein passender Name für die Autorin Efthymia Giannakopoulos. Sie wurde 1970 in Zürich geboren, wo sie bis heute lebt und als Medium und Coach wirkt. Medium kann man nicht werden, man ist es von Natur aus. Dennoch will die Kommunikation mit der geistigen Welt gelernt sein: Efthymia hat sich vertieft in Medialität, Spiritualismus, Trance, Schamanismus und Spirit Art weitergebildet, u.a. am renommierten Arthur Findlay College in London und Arthur Conan Doyle Centre in Edinburgh.

Der unerwartete Tod ihrer Mutter war für sie ein prägendes Erlebnis. Dank dieser Erfahrung kann sie Menschen in schwierigen Lebenssituationen nachfühlen, wenn sie zu ihr in die Beratung kommen. Durch ihre Hellsichtigkeit hilft sie ihnen, mit geliebten Menschen im Jenseits in Kontakt zu treten und Probleme im Leben erkennen und lösen zu können. Das Wirken in beiden Welten fasziniert und erfüllt sie zutiefst.

novum VERLAG FÜR NEUAUTOREN

Der Verlag

„ *Wer aufhört*
besser zu werden,
hat aufgehört
gut zu sein!

Basierend auf diesem Motto ist es dem novum Verlag ein Anliegen neue Manuskripte aufzuspüren, zu veröffentlichen und deren Autoren langfristig zu fördern. Mittlerweile gilt der 1997 gegründete und mehrfach prämierte Verlag als Spezialist für Neuautoren in Deutschland, Österreich und der Schweiz.

Für jedes neue Manuskript wird innerhalb weniger Wochen eine kostenfreie, unverbindliche Lektorats-Prüfung erstellt.

Weitere Informationen zum Verlag und seinen Büchern finden Sie im Internet unter:

www.novumverlag.com